畑村洋太郎

考える力をつける本

講談社＋α新書

はじめに

いまいちばん重要な力

近年、「○○力」という言葉が巷《ちまた》にあふれています。たとえば「英語力」「コミュニケーション力」などは、教育の現場でもよく言われるようになっています。この背景には、近い将来さえ見通せない先行き不安ないまの時代、とにかく自分なりの武器（力）を身につけたいという心理があるのかもしれません。

そうした中、もし私が、「いまいちばん身につけたほうがいいと思う『力』は何ですか？」という質問を受けたなら、その答えがこの本のタイトル、「考える力」なのです。

では、「考える力」というのはいったいどういうものでしょうか。私の定義では「考える力」とは、**「まわりの状況を自分なりに分析して、進むべき方向を自分の頭で考え、自分で決める力」**のことです。また、自分で決めるだけでなく、実行するのも、基本は自分です。ちなみにその先には、自分で考えて決めて実行した結果に対する責任は自分自身が負う、ということも含まれます。ここで大切なのは、「**自分で**」という部分です。

現代は自分の頭で考えることが決定的に重要になっている時代です。それは私たちを取り巻く環境がすごいスピードで大きく変化しているからです。

人間の活動がここまで世界規模で行われるようになったのは有史以来はじめてのことです。またネットの発達によって、日々ネット上で流れる情報量は莫大なものになり、すでに人間の処理能力をはるかに超えたものとなっています。コンピュータが人間の能力を超えるのではないかということも真剣に議論されています。環境問題もかつてない局面にさしかかっています。近年の各国の金融緩和政策の結果、膨れあがった金融資本の行方も定かではありません。テロや難民など国家の枠を越えた不安定要因は、解決の糸口もつかめていません。

つまり、私たちの生きている世界は日々、過去に経験したことのない、さまざまな新しい問題に直面しています。

それを表すキーワードが、「VUCA《ブーカ》ワールド」です。この言葉は、「Volatility（変動性）」「Uncertainty（不確実性）」「Complexity（複雑性）」「Ambiguity（あいまい性）」の頭文字を取ったものです。

私たちがいままで生きてきた社会は、できるだけ世界から不確実であいまいな部分を排除し、効率的な運用を目指すことで発展してきました。ところがこれからは、「ＶＵＣＡ」を前提とした社会をつくっていく必要があると言われています。

これは企業も同じです。企業もまた、グローバル競争の中で生き残っていくためには、ＶＵＣＡの市場を前提として、戦略を立てていく必要があるのです。

これはつまり、「**正解のない問題に対し、そのたびに自分たちが最善と考える答えを出していくこと**」が求められていることを意味します。

そんな時代を生き抜くために必要なことを象徴しているキーワードをあと二つあげておきます。それは「アジャイル（agile）」と「レジリエンス（resilience）」です。

アジャイルは一般的に「俊敏な」と訳されています。ソフトウェアの世界では、迅速かつ適応的なソフトウェア開発を進めることをアジャイル開発と言いますが、とにかく行動してジタバタしながら答えを見つけようとするのが、私がアジャイルという言葉から感じているイメージです。一方のレジリエンスは心理学用語で、「回復力」や「抵抗力」「復元力」などといった意味があります。私はこの言葉に、窮地に陥ってもへこたれない「しぶとさ」のようなものを感じています。

前述の通り私たちがいま生きているのは、先が読みにくくあいまいで不確実な時代です。

これまでは一定の法則性の中で動くことができていたので、それに慣れている多くの人はそのことを「おかしいじゃないか」と怒ったり、「先が見えないのだから動きようがない」「動く方向を決めてくれれば動くのに」と他人事《ひとごと》のように考えがちです。

しかしじつは、自分で考えながら道を決めなくても動くことができたこれまでがおかしくて、いまのほうが当たり前の時代になっただけかもしれません。少なくともだれかが方向を決めて、それに従うだけでよかったこれまでのやり方が大きな壁にぶつかっているのですから、覚悟を決めて自分自身の進み方を変える必要があります。

そしてそのときに必要な姿勢が、アジャイルでありレジリエンスです。これからは自分で考えながら進むことが大切ですが、たんに柔軟な発想を持つだけではダメで、自分で観察して自分の考えを状況に応じて即座につくる能力を持つことが重要です。

そのときには、まず目標がはっきりしなくても、とにかく動いてみることです。目標が見えたら動くのではなく、それこそ目標を探索するために俊敏かつ積極的に動くことが大切で、それがまさしくアジャイルです。そしてそうした行動の際には、状況を見ながら自分で考えて、何が起こっても驚かずに動くことができるしぶとさ、すなわちレジリエンスが必要とされるのです。

過去にだれかが歩いたことがある道を進むのは、比較的楽です。自分にとっては未経験なことでも、すでにだれかが経験していれば、先例に学び、ゴールに着くことができます。つまり「正解」はあるのです。また、たとえそのゴールに達する方法を知らなくても、正解というゴールがあると知っているだけで、人は前向きになり、試行錯誤しながらもいずれはゴールに到達することができます。

日本が戦後、大きく飛躍した高度経済成長期からバブル経済期までは、まさにこうしただれかが歩んだ道を辿《たど》っていた時代です。どの分野でも「これをやればうまくいく」という成功法則のようなものがありました。

しかし、だれも歩いたことのない道を歩くときにはそうはいきません。すべてがはじめての経験なので、状況を自分なりに分析して、進むべき方向や道を自分自身で決めないことには、前に進むことさえできないのです。しかも自分の進んでいる道がはたして正解かどうかもわかりません。やってみてうまくいけば、そこではじめて正解だったことがわかるのです。

じつは、一九九〇年代以降の日本はすでにこうした状況に入っています。しかしそこから次の一歩が進めないことに、日本の苦境の根本的な原因があります。

たしかに、だれも歩いたことのない道を歩いてゆくことは、本当にたいへんです。真っ暗闇の中を一人闇雲に進んでいるようなもので、進む前も進んでいる途中もいつも不安だらけです。

これがいまという時代のつらさです。そこには「希望の光」になる灯台の灯《あか》り（正解）はありません。それでもあるかどうかもわからないゴールを目指して進まなければなりません。私たちはそんな時代を生きています。

そうした時代に頼りになるのは自分自身で「考える力」を持っていることです。この本で扱っているのは、まさしく一条の光さえない漆黒の闇夜を進むための武器の身につけ方なのです。

考える力の重要性は、近年では教育関係者の間でも認識されるようになってきました。それが「アクティブ・ラーニング」という学習法です。教育の内容を変えるには大学入試のあり方から変えるのがいちばんと考えたのでしょうか、文部科学省は二〇二〇年から大学入試をアクティブ・ラーニング型に変えるべく準備を進めています。これを受けて学校教育にアクティブ・ラーニングを取り入れる動きも活発になっていますが、これらが目指しているのがまさしく「考える力」の育成です。

アクティブ・ラーニングは「能動的学習」とも呼ばれている学習方法です。教育界で注目されるようになったのは、大学教育の質的転換について述べた二〇一二年の中央教育審議会答申がきっかけですが、この答申には「学修者が能動的に学修することによって、認知的、倫理的、社会的能力、教養、知識、経験を含めた汎用的能力の育成を図る」ことの重要性が述べられています。また、具体的な方法として、発見学習、問題解決学習、体験学習、調査学習、教室内でのグループ・ディスカッション、ディベート、グループ・ワークなどがあげられています。

ここでのポイントは「**能動的**」という部分です。言い換えると、いままでの教育は「受動的」だったと認めているのです。じつはアクティブ・ラーニングの中身は、私がかねてから重要性を訴えている「出力型学習」とまったく同じです。「出力型学習」というのは、教師が生徒に座学を中心に知識や正解を伝える「入力型学習」と違い、生徒自身が自分なりの答えを自分で出していこうという意味でつけた言葉です。

なお、自分の頭で考え、そのために必要な知識を積極的に獲得しにいくという「行動」の部分に注目すれば、それは「能動的（アクティブ）学習」という言葉を使うのが適切です。しかしそうした行動を通じて考えていくときには必ず自分の頭の中にある知識を「表出させる」ので、その部分に注目して「出力型（アウトプット）学習」という名前にしています。アクティブ・ラーニングと出力型学習は、私の認識ではほとんど同じものです。

失敗を肯定的に取り扱うようにと私が提言している「失敗学」もまた、もともと出力型学習の有効性について考える中で生まれたものでした。

座学で得た知識（入力型学習）だけをベースにして、新しく何かをしようとして行動すると、たいていの場合は失敗します。しかし失敗したときの痛みは、起こっている現象がどういうもので、どういう問題があるから失敗したのかを知る、「真の科学的理解」へと向かう原動力になる貴重なものです。そこで私は、いままで忌み嫌われていた失敗をもっと肯定的に扱うことを提言したのです。

座学を中心とする従来型の学習方法は、決まった問題への正解を導き出すことを目的としたものです。そこでは正解を正確かつ迅速に導き出せる人が優秀とされていました。正解のある時代には、実際にそうした人が社会に求められていたわけで、この学習法は時代の要請に従ったものだったのです。

しかしこれからの正解のない時代には、従来型の学習方法だけでは、限界にきていることは明らかです。

アクティブ・ラーニング（能動的学習）には、そもそも決まった一つの答えというのがありません。正解があるかどうかさえわからない状況で、自分なりにこれだと思える解答を知識を総動員しながら考えてつくり出すことが目的とされるのです。

正解がないなんて変だと思う人も多いかもしれません。しかし実際に社会に出てから直面する問題の多くは、このようなものばかりでしょう。正解は一つではなく、いくつもあるかもしれないし、場合によっては一つもないように思えることもあります。最近の教育界の変化は、座学による知識の暗記から、行動を通じて考える力の育成を重視する、より実践重視の姿勢への変化というふうに受け止めることができます。

「分析」と「統合」の力

経験したことのない問題が次々と起こっているのがいまの時代です。そんな時代に求められているのは、未知の問題に対処するための解を自力で見つけ出すことです。

これを行うには、まず状況を正確に把握することが必要になります。これには「分析力」が必要です。しかし分析力だけでは未知の問題に対処する解を導き出すことはできません。

その先に求められるのは、分析したことをベースに問題点や課題を明らかにして、それらの解決策を見つけることです。さらにそうしたものを盛り込んだ、未知の問題に対処するための全体計画をつくる力です。

社会に大きな影響を与えている問題の多くは、一つの解決策で対処できるほど単純なものではありません。正確に分析していくと、そこには多くの問題群、課題群が潜んでいることがわかります。そしてこうした問題群や課題群に対処する方法も一つではありません。ふつうは個別の問題や課題に対して複数の解決法があるので、全体への影響を考慮しつつその中から最適な解決法を選択することが求められます。

もちろんそのようにして個別の問題や課題に対処しても、それで大きな問題が解決できるとはかぎりません。大きな問題を解決するには、個別の問題や課題に対処する解決法を駆使しながら、全体の状況を変えていくことができる効果的な計画をつくらなければなりません。このとき必要なのは「統合力」です。

この全体計画をまとめあげる統合力が使える人が日本にはなかなかいないのです。

この背景には、先ほどから述べているように、やはり子どものときから受けてきた教育があります。いままでの教育はその時点で必要な最適解を早く出すことを目的としたものになっているので、個別の問題や課題に対する一つひとつの解決案を導き出すことはできるものの、そこで完結した気になってしまう人が多いのです（だからこそ教育の内容も変えようとしているのです）。

実際にはそれですべて解決することはありません。解決策を考えた後に検証を行い、自分が望んでいる働きが実現できなければ次の手段を考えなくてはなりません。そのようなことを繰り返して、最終的に全体の計画にまで持っていかなくてはならないのです。

こうした能力は本来、いろいろなことに挑戦し行動して、その中で失敗も経験しながら体験的に学んで身につけていくしかありません。必要なのは自分自身で工夫し、あれこれ考えながら学ぶことです。

しかし、いままで学校教育で受けてこなかったからといって悲観する必要はありません。いまからでも遅くはないのです。これからの学習や実際の仕事を通じて、そういった姿勢を心がけ、そのためのやり方さえ身につければ、個別の問題や課題に対する答えを出すだけでなく、それを全体にまとめあげていく統合がだんだんとできるようになるのです。

本書はそのための第一歩なのです。

◉目次

第2章　「考える力」をつける準備

第3章　「考える力」をつける訓練

第6章　創造作業で多くの人が躓くこと

おわりに　能力は高められる　184

第1章　「考える」とはどういうことか

「考える」ということ

「はじめに」で「考える力」とは「まわりの状況を自分なりに分析して、進むべき方向を自分の頭で考え、自分で決めるための力」であると述べました。

つまり本書でいう「考える」とは、「まわりの状況を自分なりに分析して、進むべき方向を自分の頭で考え、自分で決めること」です。

そこでもう少し突っ込んで言うと、仮に自分が実現したいことがあっても、漠然と頭の中だけで思っていたり、心の中に秘めているだけでは、いつまで経っても実現しません。こうした思いを表に出して、全体像を検討しながら最終的に実現の道筋までつくること、これが本書における「考える」ということの意味です。ここで重要なのは、**考えたことを実際に表に出す**ということです。

これは具体的には、何かの企画や計画を立てたり、何らかの工夫や創造をしたりということです。

よい企画、よい計画をつくるためには、まずはその対象に関して頭の中を整理しながら、自分なりの見方をつくる必要があります。その上で仮説を立てて、目標とする状態を実現するための道筋を考えながら、企画や計画の全体像をつくっていくのです。

ここまででも結構たいへんな作業ですが、難しいのは、このようにしてつくった考えの全体像を自分で評価することです。考えには決まった正解はありません。実際には正解が何通りもある場合もあるし、逆に正解が一つもないこともあり得ます。しかも正しいかどうかの最終的な判断は、つくった考えを実行してみないとわからないのです。

つまり考えるという行為は、自分の頭の中のものを表に出して実行する――**「仮説→立証」を含む行為**ということになります。そしてうまくいかなければ、やり方を変えてまた実行し、どんどん自分の考えをブラッシュアップしていくのです。

「考え」とはどういうものか

「考える」とはどういうことかについて前項で述べたので、次は「考え」とは何かについて触れておきましょう。

私は「考え」というものを、世の中のほとんどのものと同じように、**「さまざまな要素が結びついてある働き（機能）をする構造を持ったもの」**と捉えています。

では、「さまざまな要素が結びついてある働き（機能）をする構造を持ったもの」とはどういうもののことでしょうか。例をあげましょう。

ここに一台の自動車があるとします。自動車をどんどん解体していくと、最後にはそれぞ

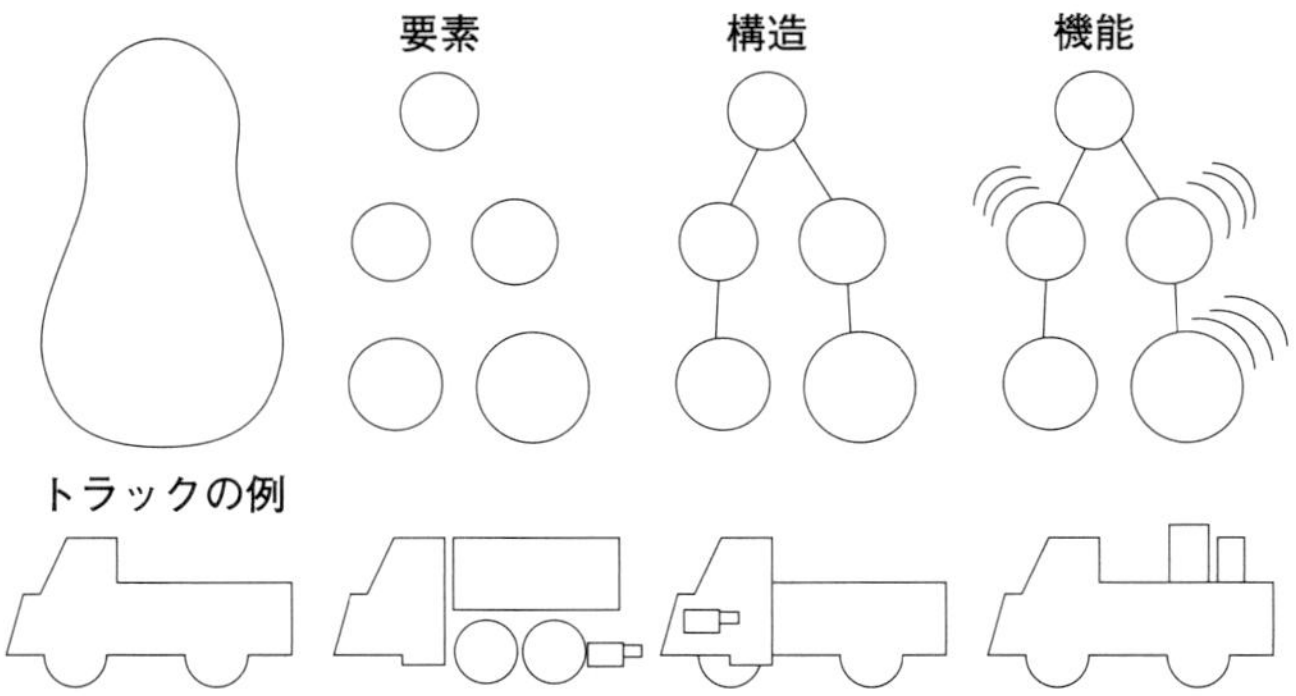

図1—1　すべては要素・構造・機能で表現できる

れの部品とそれをつなげるビスなどになります。これらが自動車を構成する最も基本的な要素です。逆にそこから再び部品を組み合わせていくと、エンジンやハンドル、アクセル、変速機といったそれぞれの機能を持った構造ができあがります。さらにこの構造同士を組み合わせることで、人や荷物をのせて移動するという働きをする自動車という全体構造はできています（図1—1）。

別の例をあげておきます。ここに会社があるとします。この会社を構成している要素は、個々の社員であったり、活動するために必要なさまざまな備品や資本、あるいはオフィスのあるビルやインフラなどです。これらが集まってある機能を持ついくつかの構造がつくられています。それが経営、製造、営業、総務、経理などといった各部門です。そしてこれらが組み合わさることで会社という全体構造ができています。

このように世の中のすべての事柄や現象は、いくつかの要素が結びつく形で、ある働きをする構造をつくり、それらがまとまる形で全体構造をつくっているのです。

たったいま、あなたが読んでいるこの本も同じです。それぞれの単語という要素が文法規則に従って結びつくことで句や節、文といった構造をつくり、それらがさらに結びついて文章がつくられ、その文章が結びついて章になり、章がまとまって一冊の本という全体構造になっています。

そしてこれは「考え」もまったく同じです。「考え」もまた、さまざまな要素が結びついて全体の構造をつくっているのです。

たとえばあなたが宴会の幹事に指名されたとします。あなたがここで考えるべき最終目的は「宴会の成功」です。そのためには、宴会の趣旨、出席者、人数、予算、場所、料理、二次会など、さまざまな要素を組み合わせてベストな宴会という全体構造をつくっていくことになるでしょう。

私は「考える」ことを「考えをつくる」と表現することがよくありますが、まさに私のイメージでは**「考える」＝「考えをつくる」作業**なのです。具体的には後述するように、バラバラでいいからタネになるものをまず頭から出して、それらを使ってある構造をつくっていくというふうに進めていきます。もちろん最初からきれいな構造をつくれることはないし、最初に出したタネがすべて使われるとはかぎりません。そのあたりのことは、次項以降に詳しく触れていくことにします。

「考える」とは「考えをつくる」こと

「考える」というのは、「考えをつくる」作業ですから、作業の手順というものを知っておいたほうが、はるかに考えをつくりやすくなります。

そこで第4章では、私が仲間と一緒につくり出してきた考えの手順(思考展開法)について説明します。ちなみに思考展開法というのは、まったくのゼロの状態から企画や設計などクリエイティブな作業を行うための思考ツールです。本書で紹介している考えのつくり方は、この思考展開法を応用したものです。詳しい手順は後にあらためて説明することにして、ここではその手順について簡単に示しておきましょう。

「考えをつくる」作業は、まず必要な要素(タネ)を自分の頭の中から出してみることから始まります。これを本書では「要素の摘出」もしくは「タネ出し」と言っています。次にそれらの要素を組み合わせて、ある構造をつくります。この作業は「要素の構造化」と言っています。このときにつくられる構造は一つではなく複数です。それからそうしてできた複数の構造をさらにつなげて、それらを包含する全体構造をつくりあげます。これが「考えをつくる」作業なのです。

私たちが何かを考えるとき、最初からすっきりした形になっていることはありません。最初のうちは、頭の中で何かもやもやしているように感じます。それは考えをつくるのに必要な要素がまだバラバラに浮かんでいる状態だからです。

この段階ではまだ、頭の中に浮かんでいるものがいったいどういうものなのか、自分でもよくわかっていないことが多いのです。だからまず、もやもやしている要素を表に出してみることが必要です。そうすることで要素の整理と構造化がやりやすくなります。

ここで言う、考えを構成する要素（タネ）というのは、いわゆる知識やデータのことです。一般的には、知識やデータをたくさん持っている人のほうが、当然、考えもつくりやすいはずです。

しかしさらに重要なのは、知識やデータを整理して構造化することです。知識やデータだけたくさん持っていても、それを整理して構造化できなければ、その人はたんなる「もの知り」で終わってしまいます。実際に評論家タイプの人をはじめ、世の中にはこうした人がたくさんいます。彼らはたくさんの知識は持っていますが、新しく考えをつくり出すことはできないのです。

考えは刺激から生まれる

考えをつくるときには、何らかの外からのきっかけ（刺激）が必要です。なぜなら何も刺激がないところでは頭が働き始めないからです。

刺激を受ける場面はさまざまです。たとえば興味を持って何かを観察したり、自ら行動しているときには自然に頭が働きます。それによって、何かの課題が見つかることはよくあります。そしてその課題を強く意識すると、頭の中で勝手に解決方法を考え始めます。

もちろん課題は、自ら見つけるだけでなく、外から与えられることもあります。実際の場面では、むしろそのようなケースのほうが多いでしょう。

学校ではそれが試験問題や研究課題のような形で与えられることがあるし、会社では仕事で課題が与えられて考えをつくることが求められます。それぞれ「研究テーマ」や「企画」といった言葉に置き換えたほうがわかりやすいかもしれません。こうした場合、いずれの課題も答えが一つという単純なものは少なく、正解はいくつもあり得るような複雑なものです。

課題は、より具体的なもののほうが考えをつくりやすくなります。しかし課題そのものを自分で見つけるのはなかなかたいへんなことです。また、外から課題を与えられるときでも、たいていはボヤッとした抽象的な形で示されるので、解決方法を導くためにはより具体的な課題を自分で見つけなければならなかったりします。

たとえば会社の仕事で、「部署の営業成績を上げる」という課題が与えられたとします。しかしこれだけではまだ漠然としているので、与えられた漠然とした課題から思いつく要素を摘出して、「チームの情報共有を図る」「顧客へのアプローチを変える」「自分のコミュニケーションスキルを高める」などといった具体的な課題を見つけます。

だからこそ、考えをつくるためには、刺激を受ける機会、すなわち対象を観察したり、自発的に行動することが有効になるのです。

ただし、観察や行動がいくら大切だと言っても、対象をただ漠然と見たり、闇雲に動いているだけでは意味がありません。ここでのポイントは自分なりの目的意識を持つことです。目的を意識することは、観察の視点が定まることを意味します。そこで視覚だけではなく、聴覚、嗅覚、味覚、触覚といった五感をフルに使いながら観察し、行動するのです。そうして得られた刺激は、考えをつくるときの大きな力になります。

「三現」の有効性

私が自分でも実践して、人にもよくすすめているのは、「三現」を大切にするということです。

三現というのは「現地」「現物」「現人」のことで、三つの言葉の頭にある「現」からこのように呼んでいます。意味しているのは、自分で実際に現地まで足を運んで、現物を直接見て触れて、現場にいる人から話を聞くことです。いまどき、ずいぶん手間がかかる方法だと思われるかもしれませんが、これが考えをつくるのに最も適した方法だと私は考えています。

いまの時代は、ネットをはじめとするメディアも充実しています。だれでも簡単に検索することで目当ての情報を探し出すことができますし、それらから得られる情報を見るだけでもかなりのことはわかります。実際に考える要素を取り入れるタネを仕入れる場としてはメディアは非常に有効です。

また世の中には専門家というたいへん便利な人たちがいて、各種のメディアでは〝客観的な事実〟と一緒に、「その事象の見方」を解説してくれています。こういうものを利用すれば、手間暇をかけずに対象をそれなりに理解することができるし、実際にそのような方法で事象の理解をしている人はたくさんいます（図1―2）。

しかし一方で、こういう方法で対象を本当に理解するには限界があるのも事実です。理解していると思っている人たちは、おそらく理解したつもりになっているだけのことも多いの

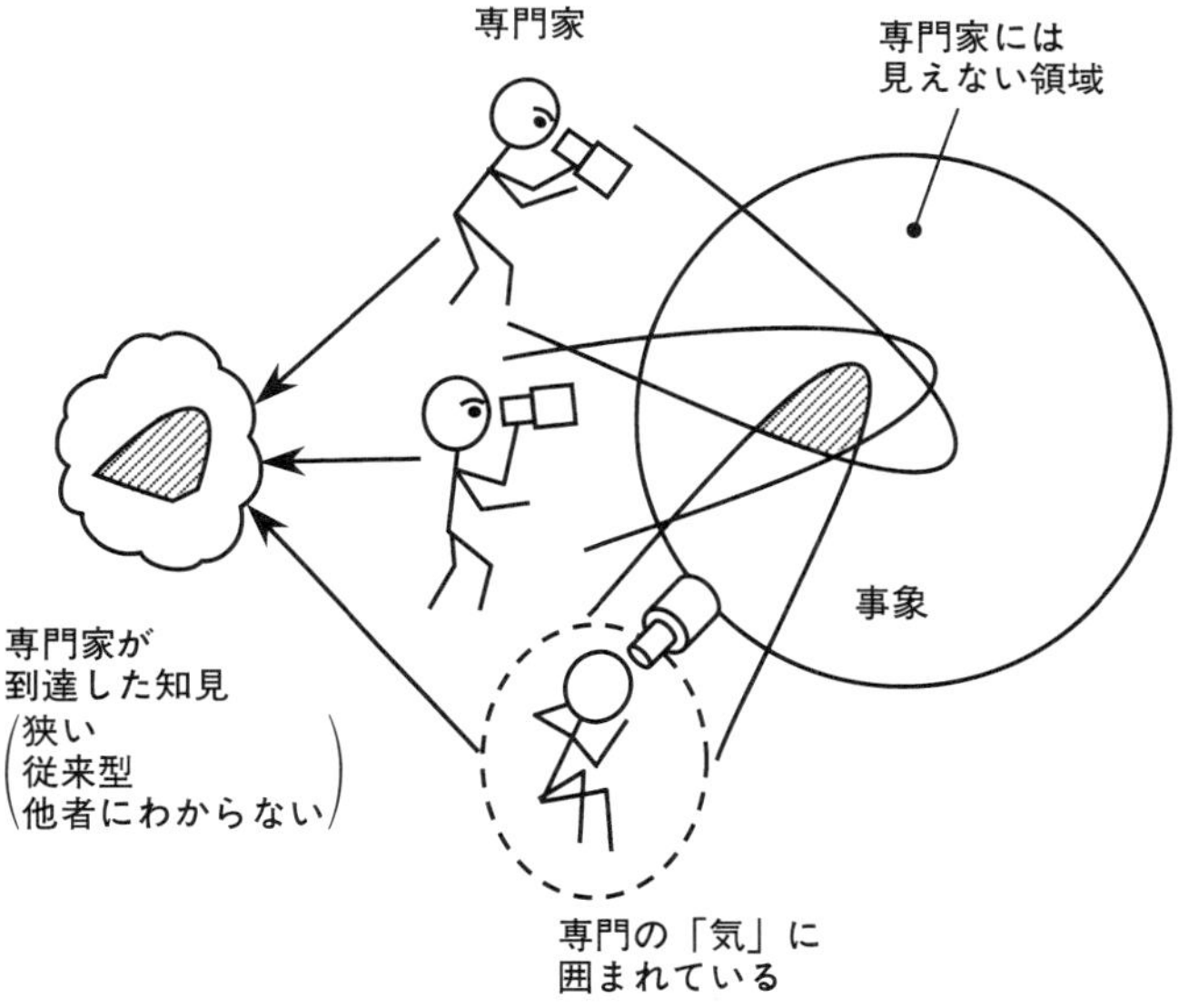

図１―２　専門家の見え方

ではないでしょうか。それはメディアで得られる客観的事実やその事象の見方は、実際とは異なっていることも多いからです。

たとえば、私は大きな事故現場に調査のために出向くことも多いのですが、そこでしばしば感じるのは、メディアを通じて見聞きしていたことと、実際に三現で知ることがまったく違うということです。

また、私にとって重要だと思うことが、メディアではまったく扱われていなかったりします。これは取材をしている記者の視点と、私の視点がまったく違っていることから起こるズレです。**同じ事象を見聞していても、視点が違うと「違う事実」を見ていることになります。**こうしたことは現場に行って、現物に触れたり、現場の人から直接話を聞かないとけっしてわかりません。

三現を行うときに私が意識しているのは、目的意識を持って行動し、実際に体験しながら自分の頭で考えることです。また考えるだけではなく、そのときに自分が何を感じたか、そのときに湧き上がってきた感情も大切にしています。こうすることで、タネは、より自分の中に取り込めるようになって、また必要なときに引き出せるようになるのです。

こうして自分が行動したことで起こるリアクションから引き出したタネは、実感を伴っているので使いやすいし、構造化もしやすいものになります。

一方、だいたい楽をして手っ取り早く得たタネは、考えをつくるときにほとんど役立たないと思って間違いありません。リアクションがだれかを介したものになっている、つまり、自分の視点を通していないので、対象の本質に迫りにくいのです。

もちろん地理的、時間的に遠く離れているとか、直接アクセスすることができる人が限定されているなどの制約条件があるので、世の中のすべての事象に関して三現を行うのは不可能です。実際にはメディアの発信する情報をタネとして利用しなければならないことも多いでしょう。そういう場合でも受け身にならず、自分からタネを引き出す意識で情報に接することが大切です。

ところで考えをつくる上で三現が大切ですと言うと、中には「なるほど、なにごとも経験が大切なのですね」と早合点する人がいます。しかし三現は、たんなる経験とは違います。いくら経験をしていても、その人が目的意識もなく、ずっと受け身のままだったとしたら、対象からのリアクションも引き出せません。それでは時間を空費しているのと同じなのです。

世の中にはいままでも、長い時間をかけてたくさん経験していることを手放しでありがたがる傾向があります。テレビではこういう経験豊富な人をすべて「職人」という言葉でひっくるめてもてはやしています。そういう番組を見るたびに私は違和感を覚えます。

もちろん中には本当の意味での経験をしている真の職人もいます。彼らは、目的意識を持って対象に自ら働きかけを行って、自分の仕事を科学的に理解している人です。そうした人は、目の前の事象について、何が起こっているのかをきちんと人に説明することができます。それができない、ただ経験が多いだけの人は、職人ではなく偽物のベテランでしかありません。「経験が大切」という言葉には、このような大きな落とし穴が隠されているのです。

「客観的な視点」より「主観的な視点」

対象の観察にはコツがあります。むろんどんな見方をしてもある程度のことはわかりますが、コツというのは観察の際に心がけることでより効率よい見方、より正確な見方ができるものだと考えてください。

ある事象を観察するとき、多くの人は「客観的な視点」を持つことが大切だと考えます。しかしこれは間違いです。対象を観察するときに、本当に必要になるのは自分なりの視点、すなわち主観的な視点です。客観的に見るべきだなどと考えずに、自分なりの方法で観察することを心がければいいのです。

そもそも客観的な視点を持つことなど、現実的には不可能です。たとえばあなたが大根の煮物をつくっていたとします。中まで煮えているかを本当に客観的に見るためには、大根をすべて細かく切って確認しなければなりませんが、そんなことはだれもしないし、する意味もありません。

こういうとき、ふつうは竹串などを刺して確認します。刺す角度は人によってまちまちで、真上から刺す人もいれば、斜めに刺す人もいます。どちらがいいとか悪いとかではなく、これがそれぞれの経験に基づくその人なりの視点です。いずれにしても見ているのは大根のほ

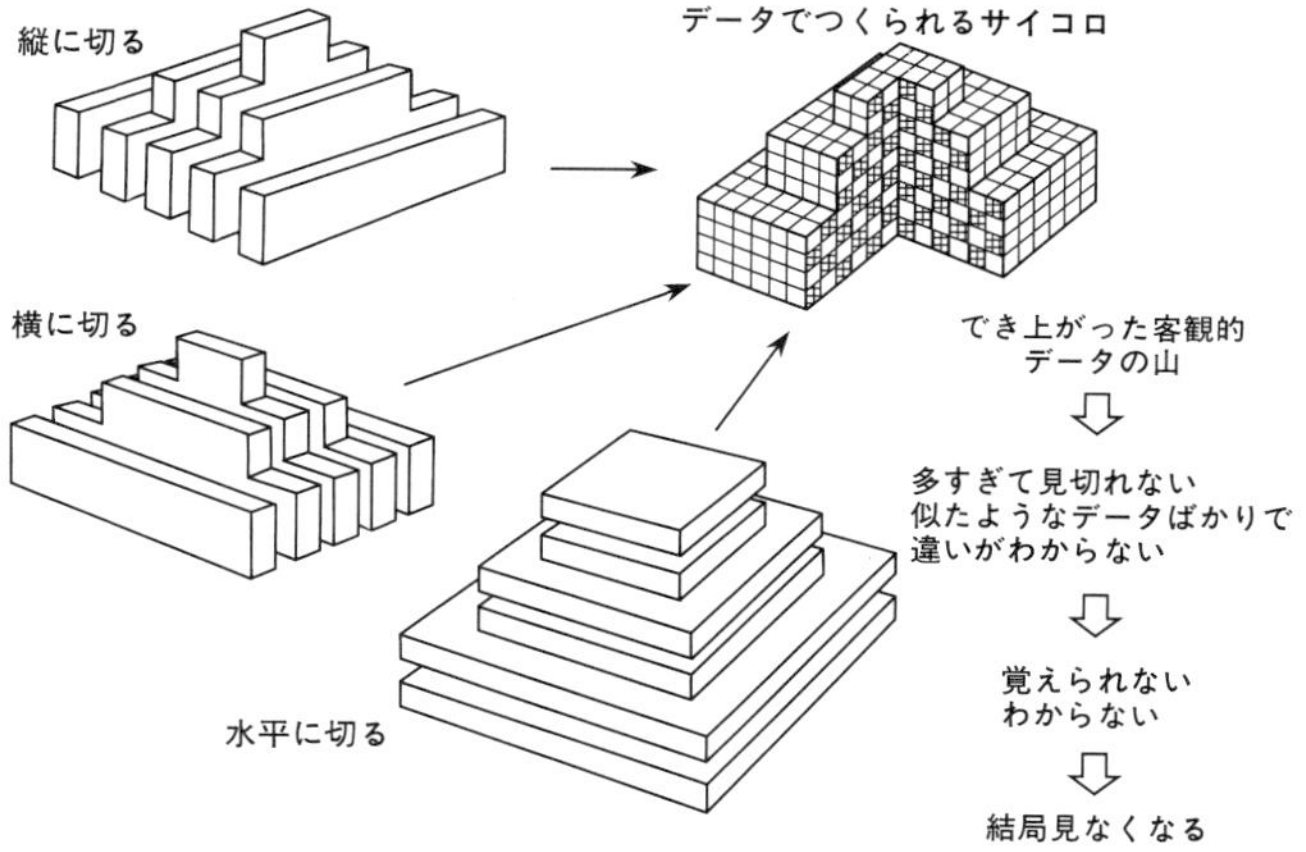

図１―３　客観的な視点のおかしさ

んの一部分にすぎませんが、これでも全体の状況を大まかに把握することはできます。

多くの人が客観的な見方にこだわっているのは、それが最も対象を正確に把握する方法だと思い込んでいるからです。こういう人が業務報告書のようなものをつくると、とにかくなんでもかんでも記述しようとするので量だけが膨れあがります。一見すると、しっかり仕事をしているようですが、書かれている中身に価値のウエイトづけがされていないので、読んでいる人にはほとんど何も伝わりません（図１―３）。

それはちょうどビッグデータのようなものです。ビッグデータは、それ自体は人々の営みを記録した膨大なデータの山にすぎず、まったく使えません。しかし性別や年齢、あるいは利用時間などといった視点を持って分析すると、マーケティングにも使える貴重な情報をもたらしてくれるのです。だから重要なのは視点を持つことなのです。

また一つの視点を持っていろいろなものを見ることで、それぞれの事象がどのくらい違うのか、その差異を測ることができます。こうやって見ていくことで、自分の中にたしかな基準ができていくのです。

五つの視点を意識する

ただし一方では、いつも同じ一つの視点だけですまない場合もあることは常に頭に入れておく必要があります。そういう場合は複数の視点を持って観察します。

大根の火の通り具合の確認なら一方向から竹串を刺すこと、すなわち一つの視点でこと足りますが、世の中のほとんどの事象は一つの視点で全体が把握できるほど単純ではありません。同じ事象を観察しているのに、視点を変えるだけでまったく違うものに見えることはよくあります。そういう対象を正確に把握するには、多角的なものの見方が必要になります。

だからといって、ありとあらゆる角度から観察することはありません。これでは客観的な見方のときと同じで、使いこなせないデータを増やすだけになりかねません。目的はあくまで対象を正確に把握することです。多角的な視点を持つと言っても、この目的の達成につながるものでないと意味がないのです。

視点は多ければ多いほどいいというものではありません。私の経験から言うと、以下の視点を補えば十分です。それは「人」「モノ」「カネ」「時間」「気」という五つの視点です。私はこれらを「五つの窓」と言っていますが、いずれも社会の事象を構成する重要な要素になっています。この五つの窓から覗いてみるだけで、世の中のたいていのことは、よくわかると考えていいと思います。

最初の「人」は、文字通り人に関する視点です。世の中の多くのことは、人によって左右されています。関わっている人たちの「気分」や「性質」などによって大きく異なることもあります。考える事柄によっては個人としてだけでなく、組織としての見方も重要になります。その人たちがどこから集められているとか、どんな人材が何人くらいいるのか、トップがだれでどのように管理されているとか、そういう人の視点からあらためて検討してみるのです。

二つめの「モノ」は、モノ全般に関する視点です。設備や材料、輸送、エネルギーなどの視点から見てみるとどうなるかということです。

三つめの「カネ」は、いわゆる金銭的な視点です。世の中のたいていの事柄は、お金を一つの尺度にして成り立っています。たいていの人や組織は、いつも「儲かるか儲からないか」とか「高いか安いか」といった損得勘定をしています。だからお金を視点の中心に据えたときに見えてくることがたくさんあるのです。

四つめの「時間」は、これまでの三つの見方と質が異なるものなので、意外に見落とされがちな視点です。多くの人は物事を固定的に捉えたがりますが、実際には時間の経過によって物事は大きく変化しています。同じ事象でも時間が経つとまったく違うものに見えることはよくあります。ですから時間の視点は、対象を四次元的な豊かな見方をするのに有効なものとなります。

最後の「気」は、その場の雰囲気や文化のことです。これも時間と同じで、意外に見落とされがちな視点です。気は最初にあげた、人に関する視点とやや似ていますが、こちらは関わっている人や組織の動きを左右する環境的な要因に着目して見直すことを指しています。文化や伝統といったものがあげられます。

気の影響は思いのほか大きく、ふつうでは考えられないことがその場の雰囲気や文化に支配されて当たり前のように行われることもしばしばあります。よく名門企業の不祥事では、なんでこんなことを長年にわたって行っていたのだと、外の人から見れば信じられないことが起こります。しかしこれなども、会社の文化という気が大いに影響しています。また新興国の中では、いまだに賄賂《わいろ》がふつうにまかり通っている国もたくさんありますが、これも善悪は別として一つの文化として捉えたほうがいいと私は思っています。そんなふうに影響力の大きい環境的なものを考慮した視点から観察対象を見てみるのです。

前述のように人、モノ、カネ、時間、気の五つは、何かを決めるときの基本になるものです。多くの事象は、この五つが検討されたり、大きく影響を受けながらつくられています。この五つの視点を使うことは、それだけで豊かな観察につながるのです。

逆演算の見方

観察の仕方には、実際に見るだけでなく、頭の中で見るというのもあります。先ほどの時間の視点もその一つです。頭の中で見る視点には、これ以外に「逆演算の見方」というものがあります。観察対象を頭の中の仮想空間で動かすとき、物事の推移をあえて逆に辿る方法です。

演算というのは、数学の世界で数式の示す通りに数値を計算することを言います。これをものの見方に当てはめて、定められた定式やシナリオ、時間が進む方向通りにものを見ることを「順演算の見方」と言います。その反対にいまある状態から遡《さかのぼ》っていくのが「逆演算の見方」です（いずれも私が勝手に名づけた呼び方です）。よく映像で時計の針を逆回しして見せる手法がありますが、これなどが逆演算の見方です。

逆演算の見方には、結果から遡って見ていくことで、物事の脈絡やこれまで見えていなかった原因を探ることができるメリットがあります。この観察方法はとくに未来に起こり得ることを予測する手段として有効です。たとえば建物の火災や爆発など最悪な事態を想定して、その事故が起こり得るシナリオを逆方向から考えます。そうすることでどのようにすれば最悪の事態を防ぐことができるかが見えてくるので、安全対策の完成度を高めることができるのです。

おそらく多くの人は、順演算の見方でも逆演算の見方とほとんど同じことが期待できると考えることでしょう。しかし「客観的な視点」のときと同じで、これではデータが膨大になって処理がたいへんになるだけです。順方向から見るときには、起こり得るあらゆることを等価のものとして考えざるを得ないので、その中のどの部分が最も重要なのかという判断がしにくくなります。ちなみに大きな事故のときによく聞かれる「想定外」というのは、このような中で考えの抜けとして生まれてくるのです（図1―4）。

逆演算の見方を使うと、こうした考えの抜けから来る想定外を潰《つぶ》すことができます。それは重大な結果に結びつく脈絡だけをクローズアップすることができるからです。過去の経験などを入れながら問題のありそうな部分について注目すると、選択する道筋の数が減って非

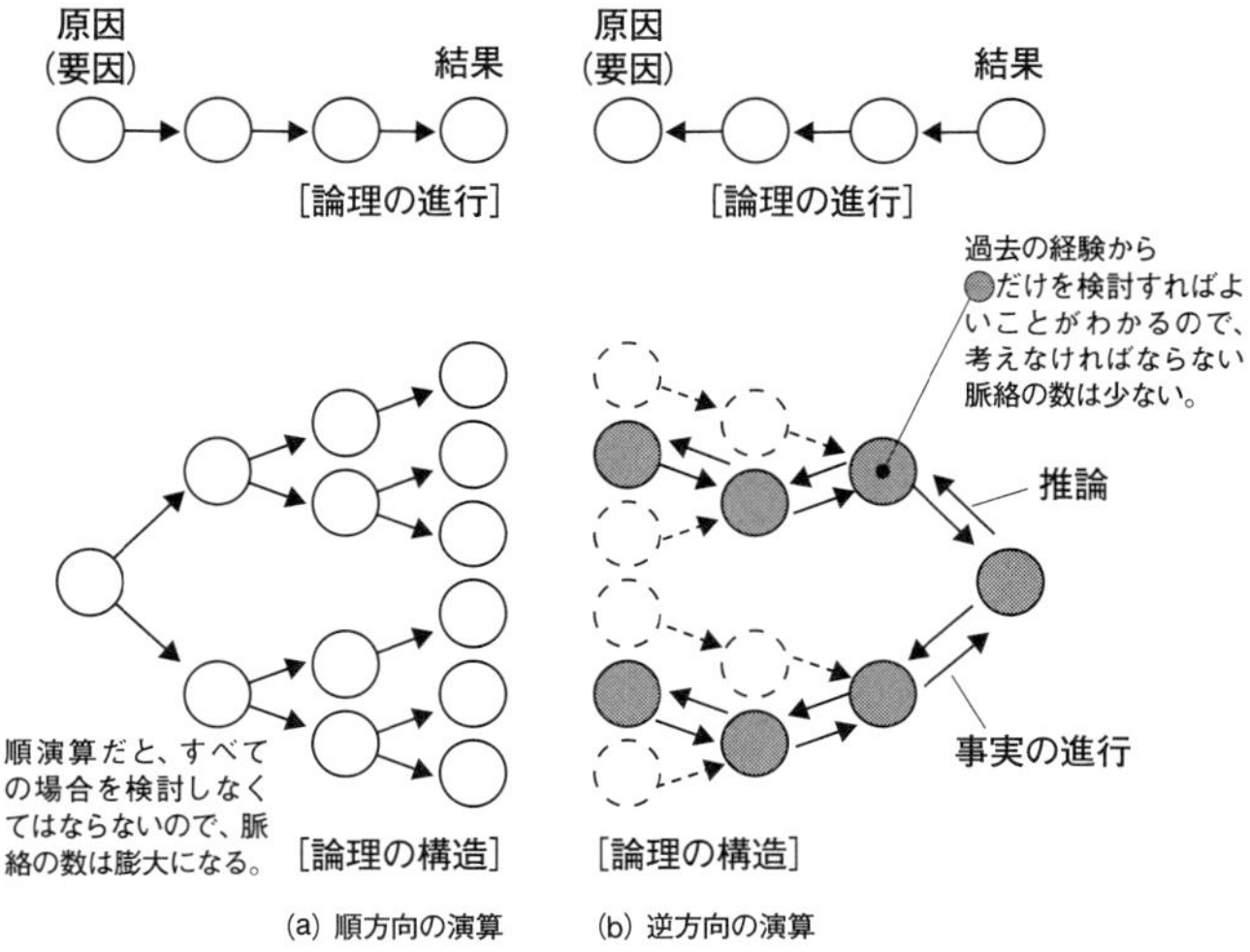

図1―4　順演算と逆演算の関係

常に効率的に重大事故の安全対策を重点的に考えることができます。

これは完成品から物事の履歴を辿ったりするときにも使える見方です。有名な遺跡や史跡に出かける人でも、逆演算を使ってかつての風景を楽しんでいる人は多いでしょう。

逆演算の見方はあくまで補完的なものです。この見方が最も効果を発揮するのは、やはり順演算の見方がしっかりなされているときです。順演算の見方がしっかりしていないと、抜けだらけになって補完がたいへんになります。これでは逆演算の見方を使っても、本当に重大な問題をあぶりだすことができなくなってしまいます。

頭の中でシミュレーション

頭の中での観察には、条件を変えたときに何が起こるかを頭の中で想像する方法もあります。想定されるさまざまなことについて頭の中の仮想空間でシミュレーションを行うのです。これを私は「仮想演習」と呼んでいます。

これも観察対象を見るときの一つの有効な見方です。シミュレーションは、たくさん行うほど観察対象のことがよく理解できるようになります。さまざまな場面を想定すると、対象がいざというときにどのように動くかわかるからです。ちなみにこの方法は、何かの企画を立てるときなどに、あらかじめ失敗や事故などうまくいかなかった場合を想定して予備ルートをつくる方法としても有効です。

たとえば観光で訪れたある街道を見たときに、頭の中で冬になって道路が凍結したら、人がいまよりたくさん来たら、夜になったら、車の抜け道になったらといろいろシミュレーションしてみる。ある液体を見るときに、これに熱を加えたら、圧力を加えたら、別の成分を加えたら、かき混ぜてみたらとシミュレーションしてみる。こうしてシミュレーションをしてみるだけで世界はぐんと広がります。

また、ものの見方には個人差があります。同じものを観察しているのに、人によって見えるものが異なることはよくあります。この違いは多くの場合、それぞれの人の興味の方向性が大きく影響しています。

また人間には「見たくないものは見えない」という性質があるということは常に考慮に入れておきましょう。私たちはだれでも、自分にとって都合の悪いこと、不利益になるものはつい見落としがちになる生き物なのです。

たとえば大きな失敗には必ず事前に危険を知らせる予兆がありますが、大失敗に至るケースではこうしたサインがことごとく無視されています。それはだれかがインチキをしているからということではありません。私は見たくないものは見えないという人間の性質によってサインを受け取ることができないのだと考えています。

裏を返せば、見たくないものでも見るように心がけるだけで、視野はかなり広がります。自分が何を観察すべきかを意識して柔軟に視点を変えることができたら、見える世界は大きく広がっていくことでしょう。自分に不都合なこと、不利益なことを見るのは不愉快なことでもありますが、あえて見るように心がけるのです。そのとき観察対象から得られるのは、心に感じる痛みの分だけ広がりのある豊かなものになっています。そのことを信じて、ぜひがんばって観察してみてください。

第２章　「考える力」をつける準備

考えるのに必要な基本的知識

前章でも述べましたが、考えのベースになるのは自分の頭の中にあるタネです。タネがないことには、考えをつくることはできません。

そのためには、頭の中に考えのタネになる知識やデータを入れることも重要です。タネになりそうなものがたくさんあったほうが、考えをつくりやすくなります。

とはいえそれは、闇雲になんでもかんでも頭の中に入れればいいということではありません。タネにも、よいタネと悪いタネがあります。ここでよいタネと言っているのは、正確な知識やデータということです。不正確な知識やデータでも、とりあえず仮説はつくれるのですが、当然前者を使ったほうがつくられた考えの質や信頼性はより高くなります。

考えをつくるためには、やはり最低限の基礎的な知識も必要になってきます。この「最低限」というのは、どのようなことに関して考えをつくるかで変わってきます。一般論で言うと、高校の教科書レベルで教わることを押さえておくと、かなりの事象を理解したりその事象に関する考えをつくることができます。

たとえば、いまビジネスマンの間では、高校の歴史の教科書を読み直すことがはやっているようですが、社会の動きを見るのに、高校教科書レベルの歴史知識を押さえておくのは非常に有効です。また実際に起こっている物理的な現象を理解するためには、ニュートンの運動の法則、力学的エネルギー保存の法則などといった高校教科書レベルの物理学の知識は、やはり押さえておきたいところです。

知識がないとダメな理由

最低限の基礎的な知識が必要なのは、ある事象に出合ったとき、その知識がなければ、その事象を理解することがまったくできないからです。起こっている事象を理解できなければ、考えをつくることなど、できるはずがありません。

さらに、もちろん考えをつくるときのタネになるような知識もベースとして持っていることは必要です。このときの理想は、知識が必要な状況になったときに頭の中から自然に飛び出してくるような状態になっていることです。そのためには、やはり一度は体系的に勉強して身につける必要があります。

インターネットはたしかにたいへん便利です。私たちはパソコンやスマートフォンを使って、必要なときに必要な情報にいつでもアクセスすることができるようになりました。そんな便利な世の中なのだから、苦労してわざわざ頭の中に知識を入れる必要はないと考えている人もいるでしょう。事象を理解するときの知識も考えをつくるときのベースになるタネも、必要なときに必要なものを外から持ってくるという発想です。

こうしたやり方は、一見するといかにも効率がよさそうに見えます。しかし実際にやってみればわかりますが、そのような付け焼き刃的なやり方では対象を深く理解できないし、よい考えをつくることはできません。仮につくることができたとしても、一応形になっているだけで、何かに役立てたりはできないことが多いのです。

これは一つにはそうして手に入れたものには、よいタネと悪いタネが玉石混淆《ぎょくせきこんこう》していることがあげられます。

また自分できちんと身につけた知識ではないために、自分のオリジナルの考えというより、情報の入手先のたんなる真似になってしまうことが多いのです。これは論文をネット情報からのコピー&ペーストでつくってしまうようなものです。見てくれは立派なだけの張りぼてなのです。苦労はありますが、自力でつくりあげたものでないと、その後に自分で自在に使いこなすことはできません。それはそもそも理解のレベルが違うからです。

以前別の本でも紹介したことがありますが、私は四三歳のときにアメリカのマサチューセッツ工科大学（MIT）に留学したことがあります。英会話は得意なほうではありませんでしたが、そのときは校内で自分の英語が相手によく通じるのでうれしくなって、校外でもまわりの人たちに積極的に話しかけていました。ところが同じ調子で話しかけているのに、あれだけ通じていた私の英語が街中ではうまく伝わらないのです。とくにお年寄りや子どもが相手だとさっぱりで、「この人は何を言っているんだろう」という顔をされることがよくありました。

これは、MITに集まっている人たちが特別優秀だったことが原因でした。彼らは私がつたない英語で伝えようとしていた意図を汲み取る能力に非常に長《た》けていたのです。彼らは状況や話の流れなどからさまざまな推測をしたり確認をしながら、頭の中の知識を総動員して私の話していることを理解しようとしてくれていたのです。

このことに関してはこんな裏話もあります。当時、MITのある助教授から不思議なほめられ方をされたことがありました。「畑村さんはものすごく簡単な単語だけを使っているのに、すごく複雑なものをすべて正確に表現できるのがすごい」と言うのです。

この人が言うには、MITに集まっている人々は、アメリカの中でも知的レベルが高いので、頭の中に使える単語をだいたい三万語程度持っているそうです。一方、私の使っている単語は、その一〇分の一の三〇〇〇語くらい。でもそれらをフルに使うことで対等にやり合っているのがすごいと言うのです。

じつはそのときに私がやっていたことも知識の総動員でした。自分の中にある知識をフルに使って、なんとか相手に意図を伝えようとしていたのです。しかしいかんせん知識（この場合は「言葉」と言ったほうがより正確です）の絶対量が足りませんでした。優秀な人が揃っているＭＩＴの中では三〇〇〇語でもなんとか話が通じたものの、一歩外に出ると知識の不足が致命的で、街中では話がほとんど通じなかったわけです。

仮に私がまったく英語を知らなければ、知識を総動員してコミュニケーションを取ろうとしても、ＭＩＴの中ですら話が通じなかったでしょう。街中では「変な英語をしゃべるやつ」どころか、「英語を話せないやつ」として何を言っても完全に無視されたかもしれません。

知識は、対象の理解のために必要なものですが、考えをつくるのに必要な知識もまったく同じで、何もなければ何もできません。しかし最低限の知識を有していれば、それらを総動員することで不足しているタネをその場でつくって補うことは可能なのです。

知識は広くて浅くより、狭くて深く

知識はあったほうがよいというのは当たり前のことですが、さらに私がおすすめしたいのが、一つでよいので得意分野を持ってその分野に関しては、深く掘り下げてみるということです。とくに興味がある分野に関しては、一度は「やり切った」と言えるくらい勉強してみるのです。

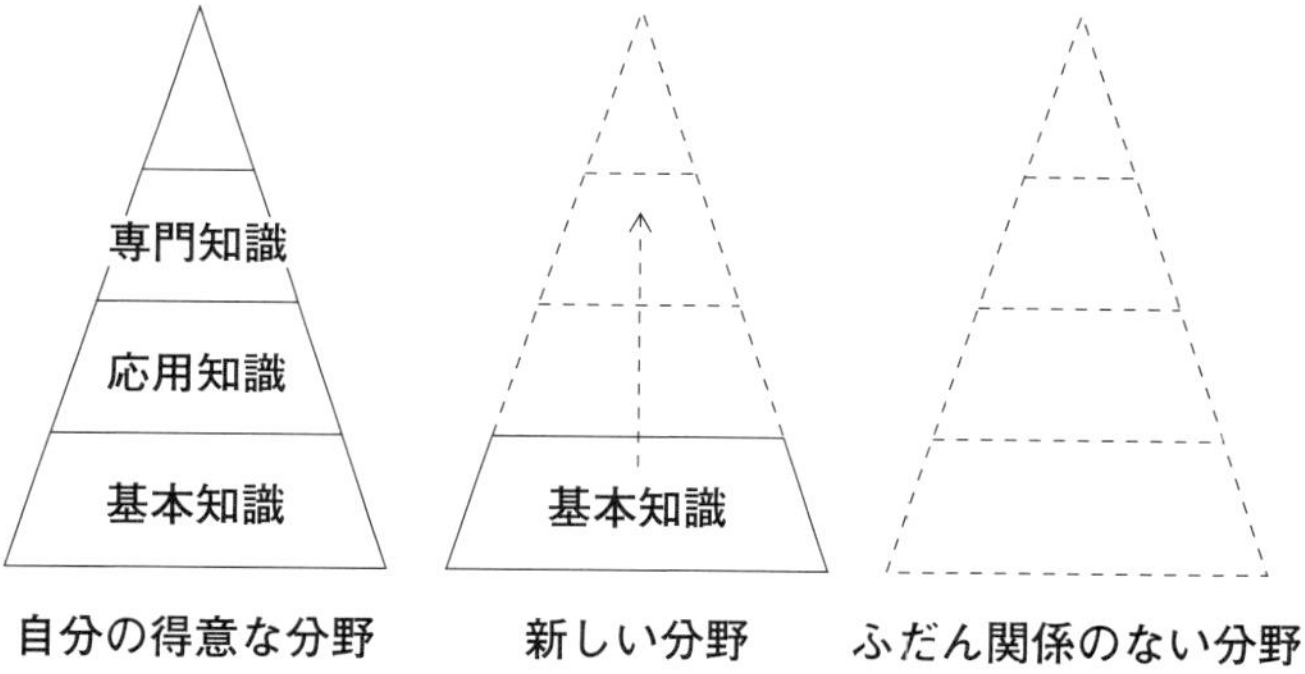

図2―1　一つの分野を深く学ぶと他分野のこともよくわかる

知識というのは分野こそ違っていても、最低限押さえておくべき基礎的な知識から、より深い応用、枝葉の知識、最新の情報まで、だいたい体系が似ています。応用に入っていくためには、基本的な知識をベースに、より高度な知識を身につけなくてはいけません。高度な知識になればなるほど、より要素も多く、構造も複雑になります。

つまり、ある分野を深掘りして体系化した知識を身につけるということは、単純な要素と構造の知識から、複雑な構造の知識まで、さまざまな層の知識を身につけることにつながります。

こうして深掘りして体系化された知識を身につけた経験を一度でもしていると、必要に迫られ他分野の知識を身につけなくてはいけない際も、どのように知識を吸収していけばよいのか、その勘所がわかるし、複雑な構造の知識を身につけやすくなります。図2―1はそのことを表しています。

　ですから私は、知識は広く浅く何でも身につけるよりも、どれか一つでもよいので、一度深掘りしてみることをおすすめしているのです。

知識を集中的に放り込む時期も必要

最近は、「この勉強をすることは、自分にとってどんな役に立つのか」と教員に訊いてくる学生もいると聞きます。

　多くの大人たちが目先の損得で行動を決める風潮が強い昨今ですから、若い世代がそう言うのもわからないではないですが、とてももったいない話だと思います。たしかに直接的にはその勉強が自分の将来に役立つかどうかはだれにもわかりません。しかし知識を身につけることで損をすることはないですし、身につけるなら必死で学んで深掘りしてほしい。知識の内容よりも思い切り深掘りして学んだ経験そのものが将来の役に立つのです。

　学ぶ動機は目先の損得勘定よりも、興味のあるなしや、自分にとって必要に思えるかどうかというもっと単純な動機で動くのがいいと思います。それは考えてみれば当たり前の話で、目先の損得勘定で学ぼうとすると、苦労して深掘りしようなどと思わなくなるからです。

幕末から明治維新に活躍した人の伝記などを読むと、必死になって勉強した話がよく出てきます。たとえば福沢諭吉は晩年に記した『福翁自伝』の中で、二〇歳からの三年間、大阪・船場《せんば》にあった緒方洪庵《おがたこうあん》の適塾にいたときのすさまじい蘭学修業のことを書いています。諭吉はあるとき、熱病で伏せったときがあり、そのときに、布団の上でちゃんと寝るのは一年ぶりということに気づいたと言います。

こうした猛勉強ぶりは諭吉にかぎったことではなく、当時の適塾の塾生たちはみんなそれくらい勉強していたそうです。ではなぜそれほどまでに勉強したのか。じつは蘭学を勉強したところで立身出世に役立つという当てなどはまったくなかったそうです。諭吉はそこで、他の日本人が知らないことを知る楽しさについて書いています。修業は苦しいけれど楽しい、純粋な知的好奇心からだったようです。

また勝海舟も、若い頃は蘭和辞書を一年かけて筆写するなど、蘭学修業に没頭していたという話を残しています。

江戸幕府の鎖国政策のため、西洋の知識を得るためには唯一貿易外交関係のあったオランダ経由にかぎられていました。当時の人間にとって、蘭学を学ぶということは、海外の知識へのアクセス権を得るということです。当時「知ること」への道のりは非常に険しいものだったのです。そのため知的好奇心の強い人たちは、必死で勉強したのでしょう。

蘭学はその後すぐにヨーロッパの覇権の移り変わりで英語にとって代わられたので、その修業自体は直接役には立たなかったとも言えます。しかし一度蘭学を必死に勉強して身につけた人は、英語の時代に変わっても、十分ついていくことができました。

結局彼らの勉強は、明治維新によって、日本がそれまでと違う新しい社会をつくるときに、大いに役立ちました。しかし江戸時代がもっと長く続いていれば、せっかく取り入れた知識を、直接には役立てることができなかったかもしれません。取り入れた知識が役立つかどうかは、時代や社会の流れにも大きく左右されます。

「自信」という武器

私自身も若い頃、闇雲に学んでいた時期がありました。大学や大学院で勉強していた一九歳から二四歳くらいのことです。私の場合、本当に手当たり次第という感じで、これといった動機のないこともかなりやりました。その一方で、はっきりとした目的意識を持って行ったこともありますが、振り返るとそういうものは、いまではことごとく外《はず》れていて、直接役に立ったものはなかったと思います。早い話がその後の人生において、あまり役立たなかったということです。

たとえばロシア語の勉強に一時期取り組んだことがあります。大学院の修士課程の一年めのことでした。一九六〇年代の半ばのことで、当時は大きく飛躍していた日本の鉄鋼業と同じく、ソ連経済も著しく発展していました。しかし日本ではソ連の鉄鋼の技術にだれも関心を持っていなかったので、それは日本の鉄鋼業界にとって後々大きな損失になると思い、自分がロシア語をマスターして注目し続けようと考えたのです。

私がロシア語を学んだのは、代々木の日ソ学院というところです。授業は週二回行われ、最初は五〇人ほどが参加していました。しかしそこからどんどん減っていって、三ヵ月を過ぎた頃には半分くらいになり、結局最後は私一人になっていました。

このとき自分で立てた目標は、「**始めたらやめない**」ということでした。具体的にはディクテーションができるようになること、すなわちロシア語の話を聞いてそれを書き取れるようになることでした。文字が速く書けるように筆記体をマスターすることも目指しました。しつこく勉強した結果、一年後にはこの目標にかなり近づいていました。ラジオのモスクワ放送を聞きながらディクテーションをしてみたところ、ちゃんとロシア語が聞き取れてものすごい速さで書けるようになっていたのです。

しかし実際に、その後の人生でロシア語が役立ったことはほとんどありませんでした。日本でソ連の技術が注目されるようなことは結局起こらなかったからです。つまり私の未来予測は外れたわけです。進んでいる技術はたくさんあったものの、それらは一九九一年のソ連崩壊を機に西側の国々に二束三文で売却されました。あまり知られていませんが、そうした技術の中には、日本の産業が取り入れていまに至るまで使い続けているようなものもあります。たとえば部品や治具《ジグ》の表面を強化・保護するために広く使われているDLC（Diamond-Like Carbon）という技術が代表的なものです。いずれにしてもソ連の崩壊でウォッチングを続ける意味もなくなったので、せっかく勉強したロシア語を使う機会はほとんどなかったのです。

もっとも正確に言うと、ロシア語を学んだことが役立ったことが一度だけありました。ソ連崩壊の直前に研究室の助手とモスクワを訪れたときのことです。勉強から四半世紀近く経ち、その頃はもうロシア語をすっかり忘れていましたが、しつこく勉強した成果で文字を読むことができました。お陰でソ連の政府が同行を義務づけている案内人に小遣いを与えて追い払って、モスクワ市内を自力で散策しながら当時の街の雰囲気や文化に触れることができたのです。

それからもう一つ、外国語を学ぶときには単語や文法を必死に覚えるのは意味がないというのを学んだのも大きな成果です。それまで私は、単語と文法をそれぞれ覚えて、状況に応じて言葉をいちいちつくるという非常に能率の悪いやり方をしていました。しかし語形変化が著しく文法が複雑なロシア語を学ぶ中で、人が言いたいことにはいくつかのパターンがあって、それを呪文のように覚えるのが最も効率的であることに気づくことができました。いくつかの言葉の基本形を丸ごと覚えていれば、その中の単語を状況に応じて入れ替えるだけで相手に自分の意思をそれなりに伝えることができるのです。そのことに気づいてからは、他の外国語を学ぶのも上手になったような気がしています。

まあしかし役に立ったといってもその程度です。先のことなんてだれにもわかりません。自分なりに理屈をつけて努力の方向を決めても、そういうものはたいてい外れるものです。外れるならそんなムダなことはやらないほうがいいと思う人もいるかもしれませんが、私はそうは思いません。直接には役に立たなかったとしても、そのときに必死で勉強した経験は他の分野を学ぶときにも大いに役立っているのです。

さらに一つの勉強をやり切ることで身につくこと、そして将来に役立つことは「自信」がつくということです。自信は侮《あなど》れません。「やればできる」という気持ちは、実際に行動するときの大きな原動力なのです。

私はよく「先生が思う東大生と他の大学の学生との違いは何ですか」という質問を受けることがあります。もちろん東大生だってピンキリ、他大学の学生だってピンキリなので、あくまで一般的な傾向ということになりますが、東大生だから能力がとりわけ高いということはそれほど感じません。それよりも私は、「自信」を持っているかどうかが違うと感じじます。もっと言えば「**根拠のない自信**」です。少なくとも東大生は受験勉強という狭い世界ではありますが、やり切って結果を出した経験があるので、それが「自分はやればできる」という自信につながり、何かチャレンジするときの態度の差になって表れているように思います。

「自分はやればできる」が前向きに作用すれば、新しいことをやるときの力になります。のちに詳しく触れますが、いわゆる〝学校秀才〟が得意とするパターン認識だけでやってきた人でも、頭を切り換えて、考えをつくる訓練をすれば、自分でつくれるようになるのです。そうすれば根拠のない自信も根拠のある自信になるでしょう。もちろん「やればできる」と思っているだけで、何も行動しようとしない人の場合は、根拠のない自信が過信になるだけで、いつまで経っても「やればできるけれどやらないだけ」で終わるわけですが。

その場でつくる

「シカゴにピアノの調律師は何人いるか？」という問題を聞いたことのある人は多いのではないでしょうか。一九三八年にノーベル物理学賞を受賞したイタリアの物理学者、エンリコ・フェルミが出した知的遊戯問題として知られています。

この種の問題はフェルミの名にちなみ「フェルミ推定」と言われています。たとえば「東京に電柱は何本あるのか？」「日本の鉄道の総延長距離は？」などといった問題で、実際にすぐに調べるのが難しい対象を、手掛かりになるものを使って推論しながら、対象の量的なものを概算で導き出すことを言います。

ピアノの調律師の数を割り出すためには、調律師一人当たり年間何台のピアノを調律できるか、そして街にあるピアノの台数がだいたいわかれば推定できます。調律師が一日に調律できるピアノの台数を三台、一年二五〇日間調律すると、年間の一人当たり調律台数は七五〇台、一方、だいたいピアノは一年に一度は調律されると考えると、街にある年間調律されるピアノの台数＝街にあるピアノの台数となります。シカゴの人口は当時三〇〇万人で一世帯当たり三人として一〇〇万世帯、ピアノを持っている世帯数は全体の一〇分の一として一〇万世帯……、こうして数を推定していくのです。

ここでは、それが実際に正解かどうかより、自分なりの論理を組み立てていけることが大切なのです。

以前別の本にも書きましたが、私がまだ新入社員だった頃、原安三郎さんというすごい経営者に会う機会がありました。原さんは長年、日本財界の重鎮として活躍された人です。

その原さんにお会いしたときのことです。突然次のような質問をされました。

「あなたは、うちの会社に入ってからこの部屋に来るのに階段を何段上ったと思いますか？」

私は突然の質問に面食らいましたが、すぐに頭を働かせ始めました。そこは建物の三階だったので、ワンフロアの高さはだいたい三メートルくらい、階段一段分の高さは一〇センチでは低すぎる。だいたい二〇センチ程度ではないかと考え、「だいたい三〇段くらいだと思います」と答えました。

原さんは、後に種明かしをしてくれましたが、この質問は入社面接のときによくするもので、相手がだいたいの数の大きさをつかんでいるかどうか、あるいは正確な答えを持っていない場合、その場で必要な数字を自分でつくることができるかどうかを見るのが目的だということでした。原さんには、**物事の先頭になって動いている人は、「その場でつくる」ということを日常からやっている**ことを学びました。「だいたいの数の大きさをつかんでいなかったり、必要な数字を自分でつくれないような人は、会社の経営はできないし、技術者にもなれない」と教えられたのです。

こうした推定を行うためには、ある程度の知識と論理的な思考が必要になります。そのため欧米では、科学的思考力を身につけさせる目的で学校教育で用いられたりしているそうです。日本ではあまり使われていませんが、コンサルティング会社や外資系企業などの面接試験ではときおり用いられているようです。就職希望者の論理的思考力を測るにはうってつけだからでしょう。

自分なりの尺度を持とう

フェルミ推定の試験対策が目的ではありませんが、これを上手に行えるようにすることはそのまま考える力の向上につながります。そのためにおすすめしたいのは、ふだんから自分なりの尺度を持ってまわりのものを量的につかむことです。

自分なりの尺度を持っていると、はじめて見る観察対象でも、ある程度理解できます。また自分の尺度があると、必要なときに自分の中の知識を総動員して、つくりたい考えのベースになる必要なタネをつくりやすくなるので、考えをつくるときに大いに役立ちます。

だれでもそうですが、はじめて目にする未知の事象を理解するのはなかなかたいへんなことです。これはそのものを理解するための知識が頭の中になかったり、あったとしても少ないからです。そういうときに役立つのはやはり数字です。定量化をして数字で把握すると、その途端にこれまでちんぷんかんぷんだったものでもウソのようにわかりやすくなります。だから考える力を高めるためには、いつでもどこでも使える、対象を数字で把握する自分なりの尺度を持つことが重要になるのです。

たとえばよくテレビでは広さを表すのに「東京ドーム○個分」という言い方がされますが、東京ドームの広さを実感していない人からすると、それではよくわかりません。逆に近所の学校の校庭や公園の大きさを自分の尺度で持っておけば、面積を聞いたらだいたいそれがどれくらいの大きさかイメージできるでしょう。

これはおカネでも同じです。日常でやり取りをしている一万円単位くらいまでの金額だったら高いか安いかの値ごろ感はよくわかると思いますが、億や兆といった額になると、それがどのくらいの価値なのかわからなくなる人も多いと思います。そうしたときに、自分が関心があったり知っているものの金額が自分なりの尺度として使えるでしょう。

新国立競技場の総工費が二五〇〇億円を超えることが「高すぎる」と話題になり、結局コンペのやり直しになりましたが、たとえば東京スカイツリーの総工費が約四〇〇億円、大阪のテーマパークUSJのハリー・ポッターエリアの工費が約四五〇億円といった自分がよく知っている施設の建設費や、サッカーファンだったら、世界的な人気チーム、バルセロナの資産価値が約四〇〇〇億円などという数字を知っていると、二五〇〇億円の意味が実感を伴って理解できるようになります。

参考までに私が持っている基準を以下にいくつか紹介しておきます。たとえば食糧問題を考えるときには、一人一年一石というお米の量を基準にしています。一石というのは一〇〇升でだいたい一五〇キロです。日本の人口は約一億三〇〇〇万人なので、お米だけで生きていくとすると年間およそ二〇〇〇万トンが必要です。しかし日本の米の生産量は年間八〇〇万トン程度なので、お米によるカロリー自給率は四〇パーセントくらいしかありません。足りない分は小麦やそばなど他の穀物で補っていますが、ほとんどが国内でまかなうことはできないので外国からの輸入に大きく依存しているのが実情です。

また水の問題に関しては、人が生きていくのに最低限必要な水の量は一人一日二リットルなのに対し、日本人が生活用水として家庭で実際に使用しているのは一人一日二〇〇リットル（〇・二トン）という基準を頭の中に入れています。ちなみにこれは風呂に入るのに浴槽に水を張った状態の量だと考えるとわかりやすいでしょう。

こうした数字が頭の中にあると水に関する考えが自ずと広がっていきます。たとえば東京圏内に住んでいる三〇〇〇万人が生活に使っている水は一日六〇〇〇万トンになるので、そこから水瓶となっているダムにどの程度の水が溜まっているかを見れば水が足りているか不足しているかがすぐにわかります。また最低限必要な量を考えると、災害を想定して備蓄しなければならない水の量もすぐに導き出すことができるのです。

自分を物差しにして数字を体感

自分なりの尺度は、いわば物差しのようなものです。この物差しで観察対象を測りながら、おおよそのことをつかむのです。ここでのポイントは、正確さにはあまりこだわらないことです。大ざっぱな測り方でもおおよその理解はできます。そこを突破口にして検討しながらより深い理解に到達することができるので、最初の段階でことさら正確さにこだわることはないのです。

定量化のための物差しは、自分の身近にあるものを使うのが最も手軽な方法です。この物差しの数を増やすことがそのまま理解力の向上につながります。図2―2は身近にある物差しの例です。これらを使うと、自分が知りたい事象を深く理解するためのとっかかりが見つかることでしょう。

さらに自分の身体を物差しとして利用する方法もあります。人間の身体にあるさまざまな法則を使うのです。たとえば机やテーブルの上に肘《ひじ》をつけて、拳を手前に返してみてください。その際の肘と手首の内側に出っ張る突起した骨同士までの距離は、その人の足の大きさとほぼ同じです。また両腕を真横にそれぞれ目一杯広げたときの、左手の中指の先から右手の中指の先までの距離は、その人の身長とほぼ同じです。それから人の歩幅は大股で歩いたときには身長の二分の一とされているので、こうしたものを使うことで観察対象の大きさを測ることが可能です。

こうした体感を伴う物差しを自分の中に持っているのと持っていないのとでは、目の前の事象の理解に大きな差が生じます。これらの物差しはそのまま使うだけでなく、状況に応じ

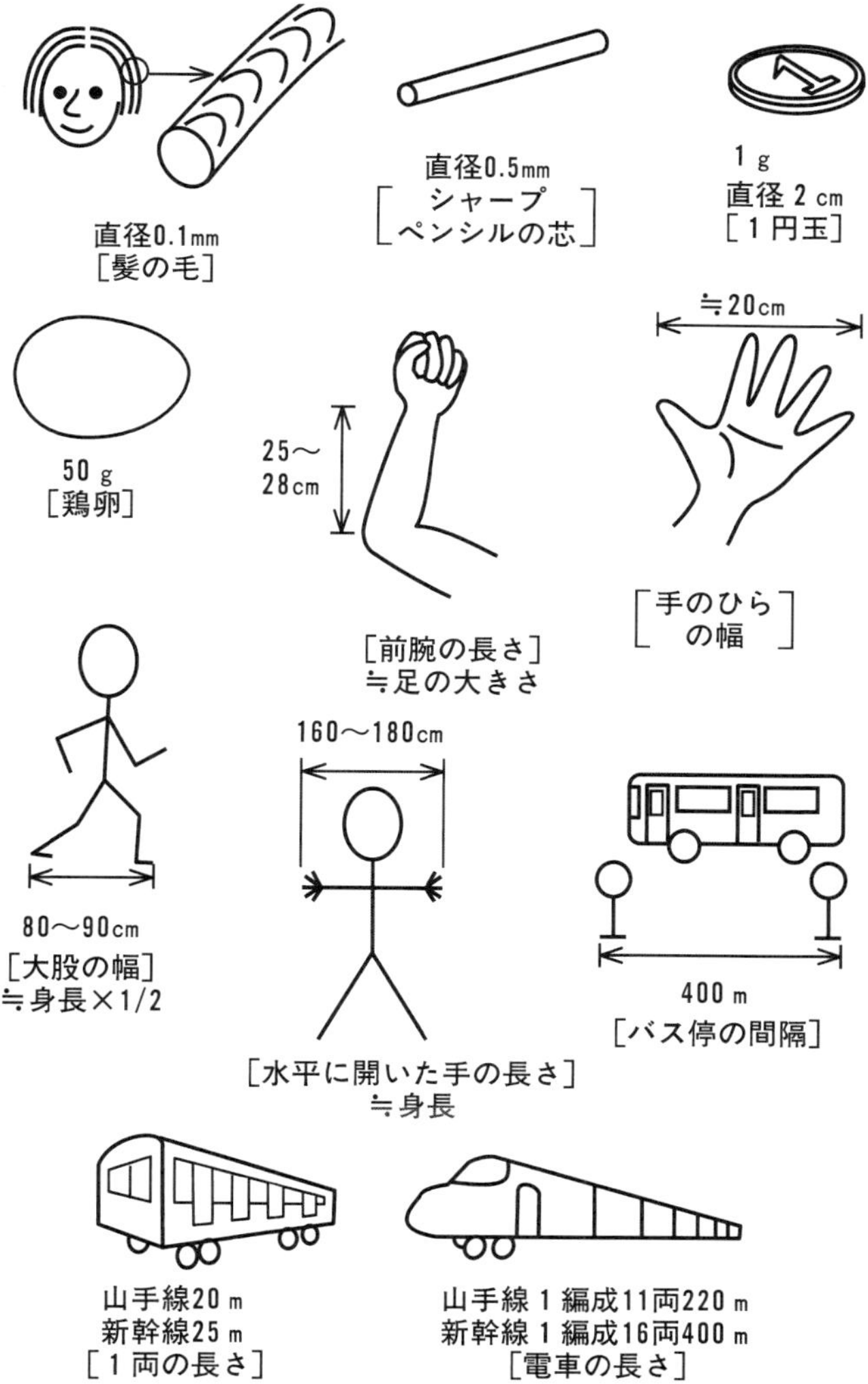
直径0.1mm
［髪の毛］
直径0.5mm
［シャープ
ペンシルの芯］
1g
直径2cm
［1円玉］
50g
［鶏卵］
25～
28cm
［前腕の長さ］
≒足の大きさ
≒20cm
［手のひら
の幅］
80～90cm
［大股の幅］
≒身長×1/2
160～180cm
［水平に開いた手の長さ］
≒身長
400m
［バス停の間隔］
山手線20m
新幹線25m
［1両の長さ］
山手線1編成11両220m
新幹線1編成16両400m
［電車の長さ］

図2―2　さまざまな尺度

て自分なりに加工しながら使うこともできます。そうすることでよくわからない対象に対しても、その場である程度のことが理解できます。そこからさまざまな方向に広げていけるので、些細であっても糸口を見つけるのはたいへん大切なことなのです。

そしてこのように定量化ができると、その知識は一般化したものになります。一般化した知識には、時間や空間を超えて使うことができるというたいへん大きなメリットがあります。つまり相手が理解できる形で伝えることができるので、自分だけでなく自分以外の他の人も使えるようになるのです。

頭の中に知識の引き出しを持とう

頭の中にある知識は多ければ多いほど考えをつくる作業がスムーズにできます。むろんここで述べている知識は必要なときに自在に使えるものであることが前提です。

そのためにはすぐに知識を引き出しやすいように、頭の中に仮想の引き出しをつくっておくことをおすすめします。

実際のデスクまわりやＰＣでもそれぞれ知識や情報を整理しておいたほうが、勉強や仕事の効率がよくなるように、頭の中でも仮想の引き出しをつくって整理しておいたほうが、実際に使いやすくなります。

この仮想の引き出しには、それぞれラベルをつけておきます。あまり多すぎても分類できませんので、大きく分けて種類の違うジャンルのものを三つくらい用意しておくといいでしょう。一つめが自分の仕事に関するものだとすると、二つめは一般的な社会経済に関するもの、三つめは趣味に関するものというふうにです。

それぞれの引き出しはさらに何段かに分かれています。たとえば仕事の引き出しの一段めには、自分がいま取り組んでいる領域の知識、二段めにはその領域に関係するさまざまな情報、三段めをその領域の基礎知識、四段めを別領域の情報というふうに分けておくように意識してみてください。

失敗が大切な理由

私は二〇〇〇年に『失敗学のすすめ』（講談社刊）という本を書き、その本の出版が契機となり、〇二年に失敗学会を立ち上げました。そのため世間からは、失敗の専門家だと見られていることも多いのですが、もともとの専門は機械工学です。

失敗学は、機械工学について学生たちに教えているとき、知識の受け入れの素地をつくるために、まず行動することが大切だということを伝える中で生まれたものです。だれでもはじめてのことはたいてい失敗します。最初からうまくいくことはめったにありません。失敗した瞬間、その人の心の中に「しまった」とか「痛い」「つらい」「悔しい」という気持ちが芽生えます。この瞬間、その人はいままで自分が深く考えていなかったことを強く自覚することになり、ここで新たな知識を求める素地がその人に生まれるのです。つまり失敗は考えを進めるドライブ力になるので、たんに忌み嫌うのではなくもっと前向きに扱うべきというのが失敗学の主旨です。

この話をすると、知識を獲得するときに行動することがなぜ大切なのかをすぐに理解してくれる人が多いようです。新しい知識の獲得は、いわゆる丸暗記でもできます。しかしこのやり方だとなかなか覚えられないし、せっかく覚えても、すぐに忘れてしまうことが多いのです。これはまさしく頭の中に受け入れの素地がつくられていないからに他なりません。

もちろん受け入れの素地は、失敗を経験しなければつくられないというものではありません。切羽詰まった状況だったり、必要に迫られた状況に追い込まれることでも受け入れの素地はつくられます。

社会に出て仕事をしていると、学生時代には勉強してもなかなか覚えられなかったことが、するすると頭の中に入ってくるという経験をしたことがある人は多いでしょう。これも仕事をする中でどうしても学ぶ必要に迫られて、頭の中に受け入れの素地がつくられたということです。

このように受け入れの素地がつくられて獲得した知識というのは、考えをつくるときに大いに役立ちます。心から求めて獲得しているので、頭の中にしっかりと定着しているし、理解の深さも違うからです。

知識は、自分から取りに行くときに身につく性質があるのです。

学校秀才の頭の仕組み

頭の中に知識がないと考えることができません。でも頭の中に知識が入っているだけでは足りません。それは前述のように、要素を組み合わせて構造化する、すなわち「つくる」という作業が必要だからです。

いわゆる〝学校秀才〟と言われる人たちがいます。テストではよい点数を取ります。当然学歴も高く、社会人になっても決められた課題はそつなくこなし、事務能力も高い。知識も豊富でまわりからは優秀な人と見られています。

ただし彼らは、新しい企画を考えたり、トラブルが起こったときの対応は苦手です。有事のときには思いのほか、役に立たなかったりします。

これは彼らが「考えをつくる作業」をしてこなかったからです。彼らが得意なのは、いわゆる「パターン認識」です。パターン認識は、あるパターンの問題を入力すると、そのパターンに当てはまる答えや解き方を導き出してくるというものです。

学校秀才は、子どもの頃からたくさんの例題をこなしています。そのため頭の中にいくつもの問題とその解法のパターンを記憶しています。だから試験では、「この問題はAパターンの問題だな」と認識して、記憶している解法をすぐに当てはめていくことができるのです。また問題の難易度もマッチングによって判断し、効率よく解答作業を進めることができます。この場合は当然、記憶している解法パターンの種類が多いほうが多くの問題に対応できます。だからより多くの解法パターンを記憶している学校秀才は、学校のテストでよい点が取れるというわけです。

しかし、考えをつくる場合では、先述したように、頭の中にある要素をアウトプットしたあとでその要素を構造化していくことになります。そのためパターン認識のときとはまた違った作業が必要なのです。

パターン認識の場合は、自分のパターンに当てはまらない事象が起こったときには、マッチングしないのでなかなか対応できません。だから決まり切ったことに対応するのは得意ですが、予想していなかったことが当たり前に起こる有事に弱いし、そもそも考えをつくる作業をした経験がほとんどないので、新しい企画を立てることも苦手なのです。

一方、考えをつくることができる人は、はじめて経験する問題に出合ったときでも、まず問題を要素に分解し、それを再び構造化することで自分なりの理解をして解決策を考えだします。

こんなふうに書くと、パターン認識の能力を身につけるのが悪いことだと思われるかもしれませんが、そんなことはありません。

世の中の仕事で、あるパターンの状況に応じた判断が求められることもいくらでもありますそういう場面では、自分の中により多くのパターンを持っていたほうが、選択の幅が広がって、その中から最も適しているものを選ぶことで、よりよい結果を導き出すことができるのです。

たとえば名医と呼ばれる医師は、患者の状態を観察して最適な治療法をすすめられる人です。優秀な人ほど自分の中に多くのパターンを持っているので、目の前の患者の症状と自分の中にあるパターンとのマッチングを見ながら、より適切な治療法を選択することができます。当たり前のことですが、持っているパターンが少なかったり、ないからといってその場でパターンをつくるクリエイティブな医者は患者さんから信頼されません。

つまりパターンマッチングと考えをつくる能力は、どちらが優れているというものではなく、もともと必要とされる状況が違うものなのです。ですからここで私が強調したいのは、**パターン認識の能力だけでは限界がある**ということなのです。

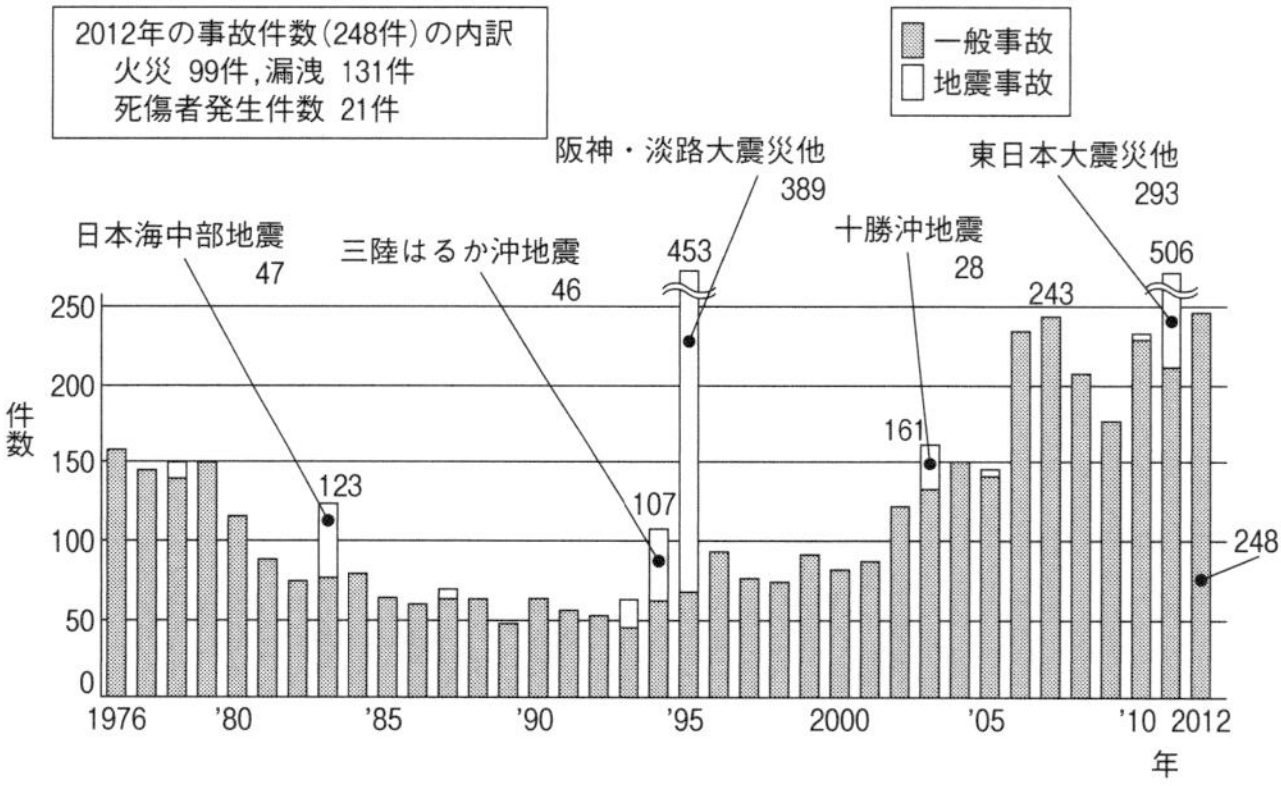

図２―３　石油コンビナート等特別防災区域内の特定事業所において発生した事故発生件数の推移

（2013/5/30　総務省消防庁報道資料より）

なぜ事故が増えたのか

私は、パターン認識の場合と、考えをつくる場合では、頭の中の思考回路のつくり方が違うのではないかと考えています。このように考えるようになったきっかけの一つには、近年の化学事故の増加があります。

グラフは石油コンビナート等特別防災区域内の特定事業所で発生した事故発生件数の推移を示したものです。一九八〇年代から九〇年代は、事故発生件数が減少傾向にありました。しかし二〇〇〇年代に入ってからは、一転して増加傾向にあるのが見てとれます（図２―３）。

なぜでしょうか。

化学プラントの事故は、地震などの災害発生時に起こりやすいので、阪神・淡路大震災があった一九九五年や東日本大震災があった二〇一一年は、事故発生件数が突出して多くなっています。しかし二〇〇〇年代に入ってからの増加傾向は、それら自然災害とはまた別のことが原因になっています。

事故の中身で言うと、近年頻発している事故は過去のものとはパターンが違います。じつは一九七〇年代に発生していたような事故は、最近ではほとんど起こっていません。化学企業はその種の事故を減らすために懸命に安全対策に取り組んできました。そうした不断の努力によって、過去にたくさん起こっていたような事故は、いまではほとんど発生しなくなっています。

にもかかわらず事故件数は、ここに来て急増しています。これは従来あまり起こらなかった形の事故、つまり「あり得るけれど起こらないと考えていた事故」や、「考えてもいなかった形の事故」が増えているからです。

こうした事故が増えている理由は、やはり安全教育のあり方にあると私は見ています。マニュアル至上主義で、こういうことをするとこうなるから「やってはいけない」ということを、作業をする人たちに座学で教えている場合が多いのです。こうした教育を徹底することで、作業者はだれもが危険に対する知識は持てます。しかし危険に関する知識を持っているからと言って、それが実際に行っている作業と結びついているとはかぎらないのです。

私が実際に出かけていって話を聞いたある化学企業の事故は、その典型的なパターンでした。現場のオペレーターは安全教育を受けていたので、頭の中にはちゃんと危険に関する知識が備わっていました。しかし、いざというときに所定の操作と異なる動作をしてしまったため、事態が悪い方向に進んでいき、最終的に爆発事故を起こしてしまったのです。

事故直後に行った調査の報告書を読むと、オペレーターの誤操作に関する記述はあるものの、なぜそのような操作をしてしまったのかまでは書かれていませんでした。これは別に隠蔽しようとしたわけではなく、不確かなことは書かないという一般的な調査報告書のスタイルに則っているからだと思われます。責任追及を意識するあまり、調査報告書にはだれが見てもたしかだと言えるものしか書いてはいけないことになっているのです。

こういうことをしていると、事故から知見を得てそれを次の事故を起こさせないために生かすことが難しくなってしまいます。だから事故原因の調査というのは、責任論と切り離して行ったほうがいいというのが私の考えです。そしてこうした考えに基づいて、当事者から直接話を聞くことができないときには、得られた情報や自分の中の知識を総動員しながら、事故の当事者の頭の中を勝手にのぞき見することを心がけています。

以下はそのようにして私なりに導き出した、事故に至った経緯です。事故を起こしたオペレーターは、経験豊富な人だったようです。私が見聞してきたいままでの類似の事故から類推すると、そうした人にはたいてい、過去に同じようなトラブルが起こったとき、内緒で規定とは違う操作をすることでうまく切り抜けた経験があったりするものです。そしてそのときにたまたまうまくいったりすると、一人で操作をしていて同じようなトラブルが発生したときには、知識より経験を優先して行動したくなります。

人は重大な判断を短い時間で迫られたときほど、過去の成功体験に寄りかかって行動する傾向が強まります。これもまた人の性質の一つです。おそらくこのときも同じことが起こったのではないかと思います。つまりオペレーターの頭の中に、過去にうまくいったことがよぎって、脳がそれに乗っ取られてしまったのではないかと思ったのです。

しかも運の悪いことに、緊急トラブルへの対応として行った誤操作の結果、タンク内に起こった反応は、一見するとオペレーターの期待するものでした。タンクの中にあった液体は対流が止まると発熱が進む危険なものでしたが、オペレーターが過去に成功したことがある自己流の方法でもそれなりに冷却することはできます。しかし実際には期待しているような速さでは冷えず、タンクの構造上、正式なやり方でないと冷えない部分もありました（図2―4）。その結果、発熱反応が止まらず、その後タンク内の温度がどんどん上がって、最後は爆発してしまったようです。

もう一つ、近年起こった典型的な化学事故の例をあげましょう。これは大学の実験室で起

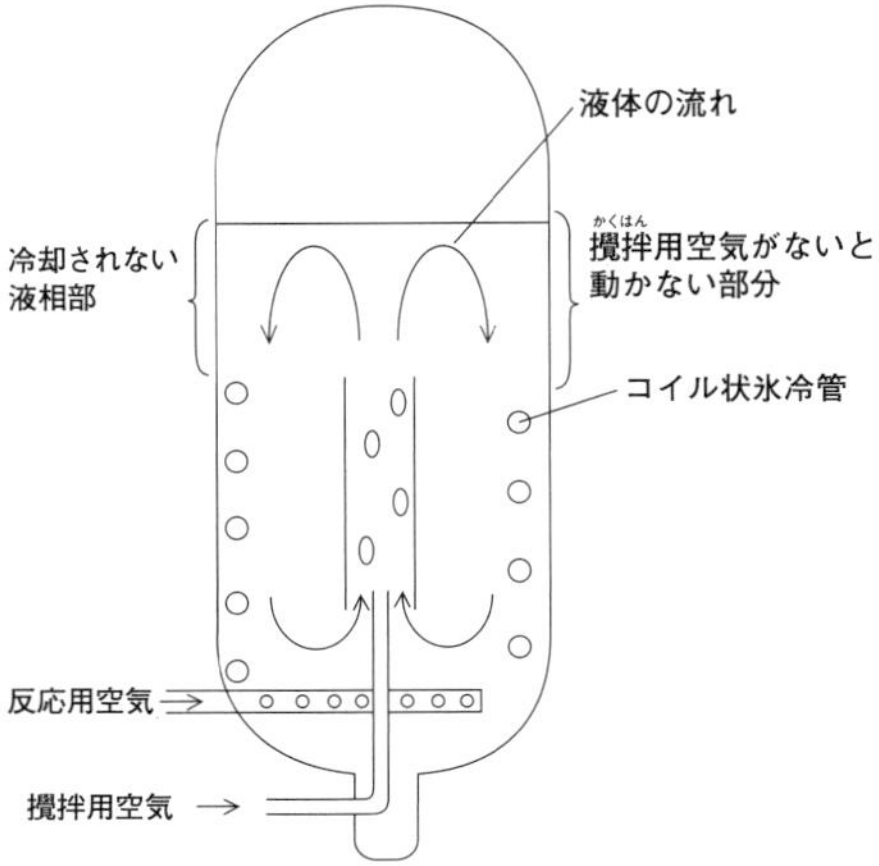

図2—4　熱暴走を起こした反応容器の構造

こったものです。事故が起こったのは、化学実験後に化学溶液の処理を学生が行っているときのことでした。

そのとき実験室では、有機溶媒での酸化還元反応を追跡する電気化学実験を行っていました。化学の実験で使った化学溶液は、実験後は液体を蒸発させて処理するのが常識になっています。しかしその学生は、実験後、ビーカーに入れた有機溶媒を電気ヒーターで加熱蒸発させる際、完全に蒸発させず、やや湿った状態にあった過塩素酸塩の残渣《ざんさ》をナプキンで拭《ふ》き取ろうとしたのです。そしてその瞬間にビーカーが破裂して、内容物が飛散して炎上したため、学生はケガを負いました（図2—5）。

その学生は一般的な化学物質の性質を知っていたし、実験を安全に行うための教育も当然受けていました。にもかかわらず、本来はやってはいけないことを、それが致命的に危険なことだと知らずにやってしまって事故に遭ったのです。多くの人はこれを「うっかりミス」

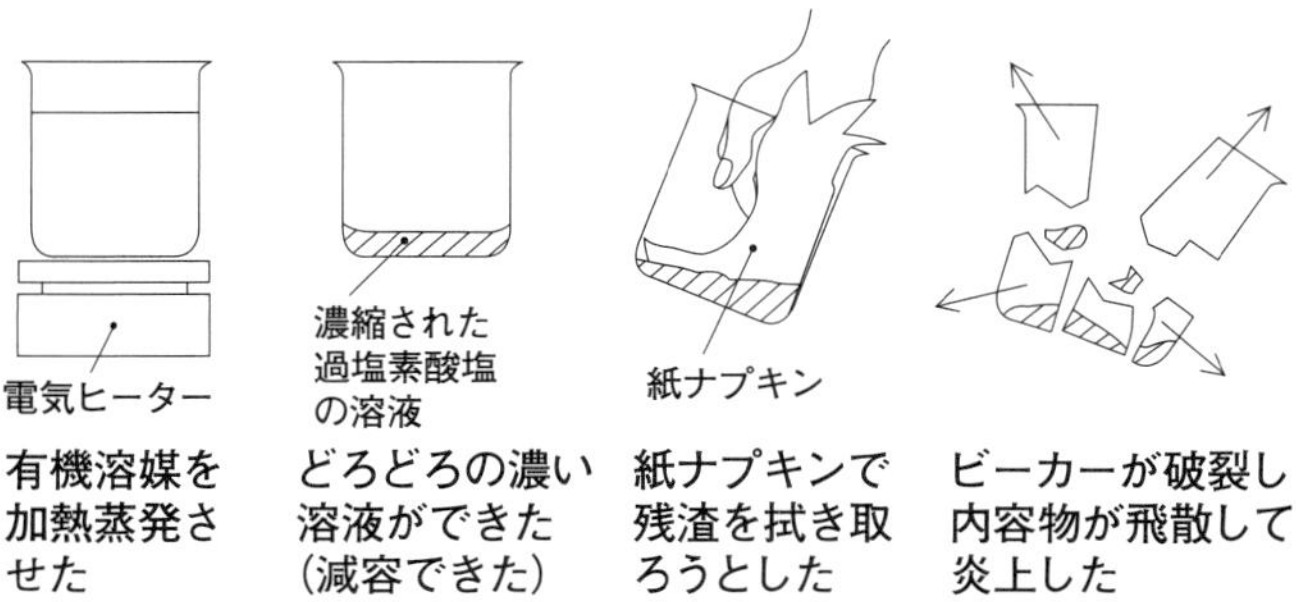
電気ヒーター
有機溶媒を加熱蒸発させた
濃縮された過塩素酸塩の溶液
どろどろの濃い溶液ができた（減容できた）
紙ナプキン
紙ナプキンで残渣を拭き取ろうとした
ビーカーが破裂し内容物が飛散して炎上した

図2―5　行われた操作と起こった現象（畑村の推測図）

と考えるかもしれませんが、私はそのような見方をしていません。これもまさしく知識の身につけ方の問題だと考えています。

先ほどの化学企業のオペレーターも学生も、危険に関する知識は持っています。にもかかわらず危ないことを平然と行ってしまったのは、目の前に起きている事象と、頭の中の知識や判断が正しく結びついていないからです。こういうことが起こるのは、頭の中にある知識と目前の事象を結びつける思考回路がないからなのです（図2―6）。

じつはこれがパターン認識の限界です。いくら正確な知識を頭の中に持っていても、実際に起こっている事象は必ずしも学んだ状況と同じとはかぎりません。そうした場合、いま起こっている事象は何かを自分の頭で考えられるようにしておかないと、判断を間違えることになります。いずれの化学事故も、そのために起こったものなのです。

こういう事故を回避するには、従来の安全教育のように

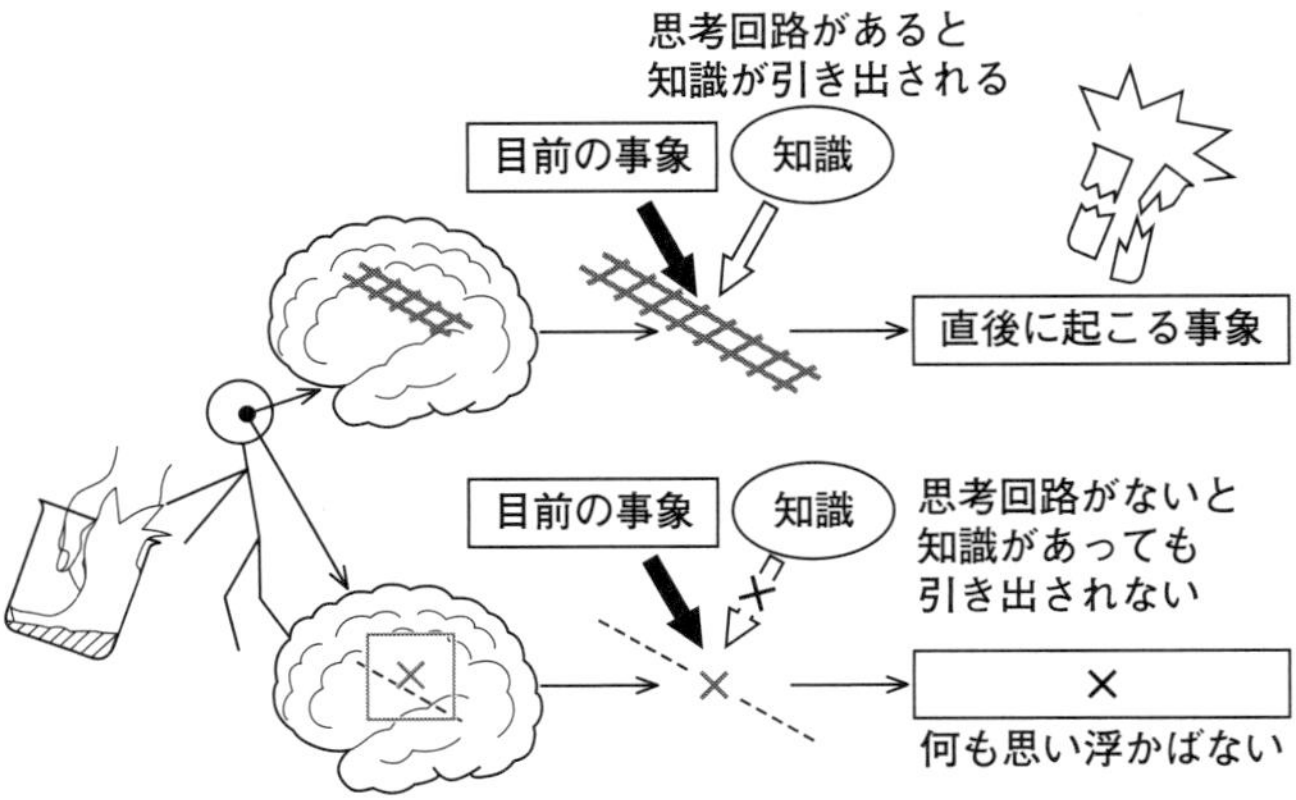

図2—6　脳経験がないと知識があっても次に起こる事象は思いつかない〜脳内思考回路の必要性〜

やってはいけないことをただマニュアルで示すだけではダメです。この場合マニュアルとはパターン認識での学習法と同じ意味です。

こうした場合は、マニュアルだけでよしとするのではなく、危険に関する基本的な知識を教えると同時に、アウトプット型の学習方法で自らに考えさせながら学ばせることが必要なのです。マニュアルから外れた行動をしたときにどういうことが起こるかをちゃんと想像できる思考回路は、そういう方法でしかつくることはできないのです。

じつはそのようなことを行っている会社は実際に出てきています。ある鉄道会社では大事故をきっかけに従来の安全対策の大幅な見直しを行い、新たな教育手法を開発しました。現在は地震や津波、またはトンネル内列車火災を想定して、マニュアルから外れたことが起こったときの対処法を自分で考える思考回路をつくるトレーニングを行っています。

実際のトレーニングでは、運転士と車掌がそれぞれの持ち場に見立てた室内に入り、ＰＨＳで連絡を取り合いながら対処法を考えます。細かい状況は進行役の人に聞けば教えてもらえますが、進行役は何をすればよいかは教えてくれません。あくまでも運転士と車掌が協力しながら対処法を考えるのです。彼らは緊急時のマニュアルは学んでいますが、緊急時にはマニュアルに書いていないことも発生します。そういう場合でも、現場で柔軟かつ最適な判断をしたり行動できるようにするのがこのトレーニングの目的です。

もともと、彼らは航空業界のＣＲＭ（Crew Resource Management）を参考にして、それを鉄道用に独自に改良を加えたということです。飛行機の運航では状況判断の誤りが多くの死者を出す大事故につながりかねないので、昔からヒューマンエラーの回避に力が注がれてきました。ＣＲＭはそうした目的で開発されたもので、マニュアルやそれぞれの知識や経験などコックピット内で得られる利用可能なすべてのリソースを活用した安全運航の達成を目指しています。

航空と鉄道では条件が違うので中身は多少異なりますが、いずれにせよ、マニュアルで想定していない事態が発生したときに、現場の人の頭の中に、最適な判断や行動ができるような思考回路をつくっておくことで、安全を担保するという考え方はまったく同じなのです。

暗記と「つくる」の違い

いまの話は、理解の仕組みを知るとよくわかると思います。理解の仕組みについては、拙著『創造学のすすめ』や『畑村式「わかる」技術』(いずれも講談社刊)などで詳しく紹介していますが、ここで簡単におさらいしておきます。

ある事柄や事象を観察したとき、私たちが「わかった!」と感じるのはどんなときでしょうか?

私たちが、ある事象を見たり聞いたりして「わかった!」という感覚が得られるかどうかは、頭の中にその事象を理解するためのテンプレート(型紙)があるかどうかで決まります。頭の中にテンプレートがあれば、それとのマッチングをしながらその事象を理解することができます。テンプレートがない場合は理解できないので、「なんだかよくわからない」と感じるのです(図2―7)。

ですから「わかる」「わからない」というのは多くの場合、頭の中のテンプレートと目の前の事象とのマッチングを無意識のうちに行い、マッチングすれば「わかる」、マッチングしなければ「わからない」ことになります。

日常的に起こる事象のほとんどは、日々の繰り返しであったり、過去に学んだこととよく

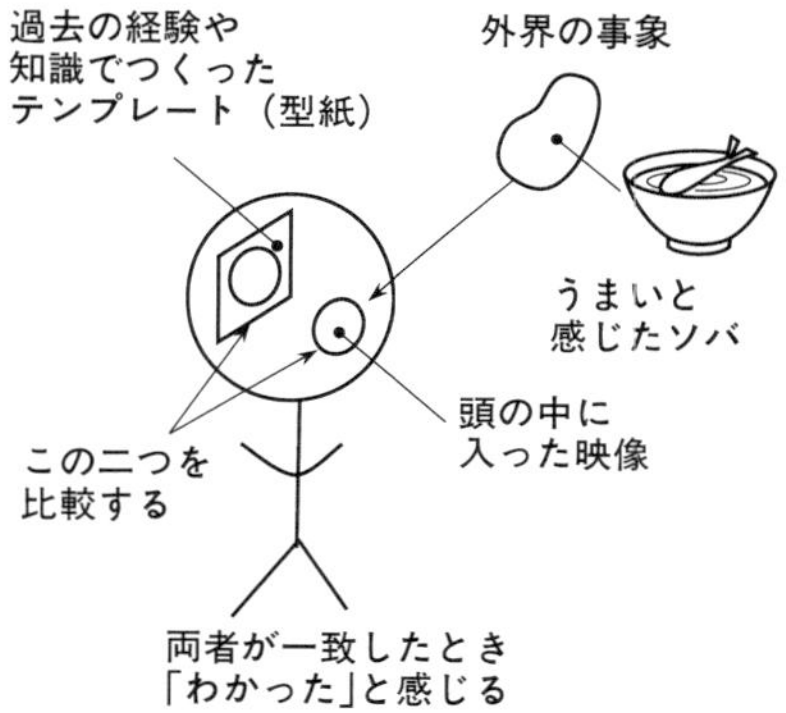

(a)「わかる」ことの基本

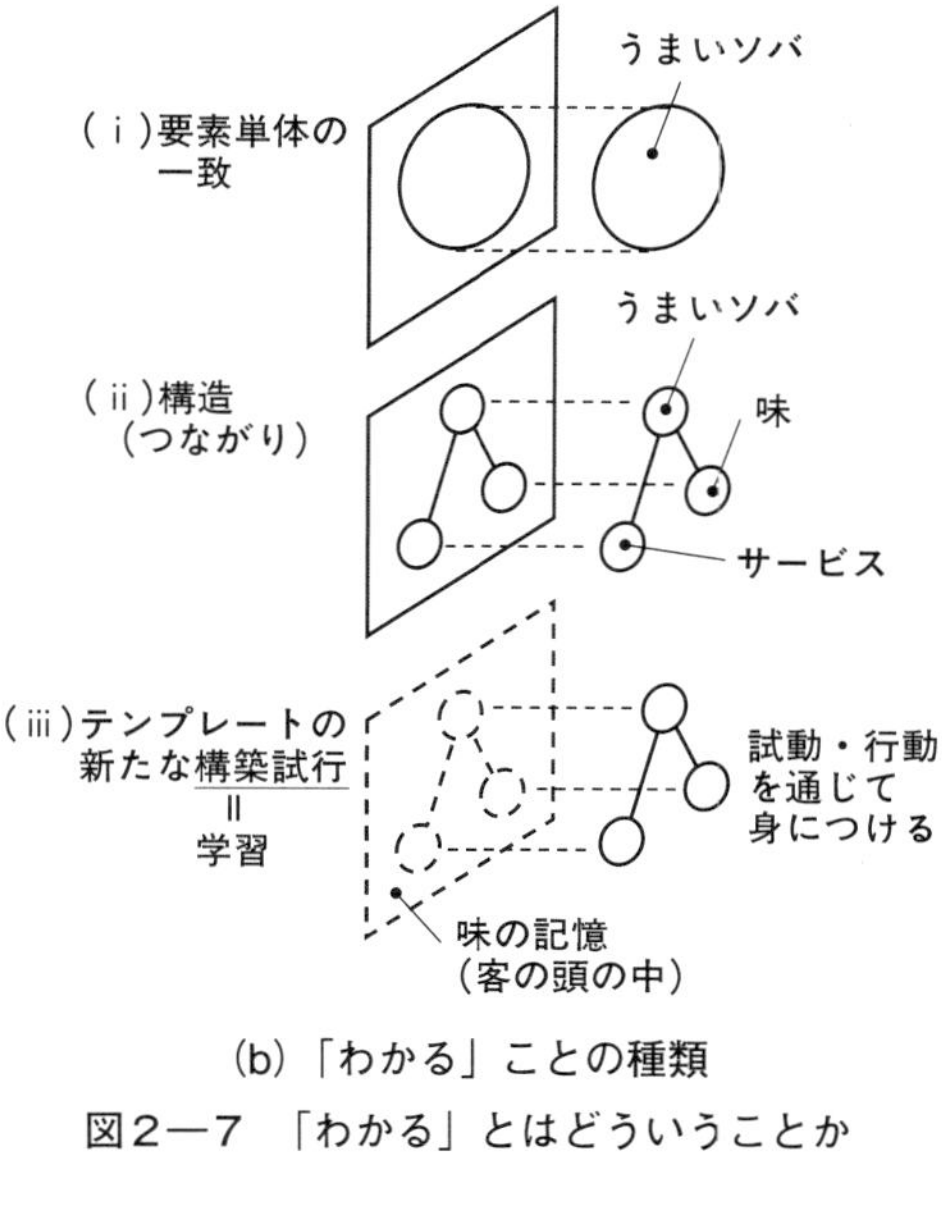

(b)「わかる」ことの種類

図２—７　「わかる」とはどういうことか

似たものですから、その人の頭の中にはそうした事象を理解するためのテンプレートが自然につくられています。ですからその人は日常生活に困ることはありませんし、仮に完全に一致するテンプレートがなくても、似ているテンプレートがあれば、それを頭の中で当てはめて同じように「わかったぞ」と感じることができるのです。

ですから「わかる」ことを増やすためには、一つの方法として、頭の中のテンプレートを増やせばよいということになります。学校秀才が得意としてきた暗記を中心としたパターン認識型の勉強法は、まさしくこの頭の中のテンプレートを増やすためのものでした。頭の中にあるテンプレートの数が多ければ多いほど、「わかる」ことが増えます。そして実際にこうした人のほうがテストの点数も上がるし、社会に出てからも優秀とされてきたのです。

しかし、「はじめに」で述べたように、現代はどんどん「わからない」ことが増えている時代、テンプレートにないことが増えている時代です。つまりテンプレートをいくら覚えても、テンプレートとは違う事象がどんどん目の前に現れてくる時代になっています。そういう時代に求められるのは、テンプレートをたくさん持っているよりも、自分の頭でテンプレートをつくれる人なのです。

ではテンプレートをつくれる人というのは、どういう人のことでしょうか。

じつはここまで説明している理解のためのテンプレートは、本書で「考え」と言っているものとほとんど同じものです。テンプレートもまた、要素が集まってある構造をつくり、さらにその構造がいくつか集まる形で全体の構造ができています。ですからテンプレートをつくる作業は、考えをつくる作業とまったく同じなのです。

目の前の事象を見て、まずそれがどんな要素でできているか分析し、さらにその要素がどうやって結びついてどのような構造を形づくっているかを見る。こうして自分なりに新しいテンプレートをつくっていきます。このテンプレートは言い換えると、仮説のことです。

その自分でつくったテンプレート（仮説）が正しいかどうかは、目の前の事象と照らし合わせたり、実際に働きかけることによって検証します。それが間違っている場合は当然うまくいかないし、やっぱりよくわかりません。その場合はさらにつくり直してまた検証し直します。

こう見てくると、パターン認識の学習だけやっていたのでは限界があることがよくわかるでしょう。

もう一つ見えてくるのは、やはり考えをつくるときには自発的な行動が重要だということです。このときの行動の動機は、その事象に興味を持ったとか、理解できないことに不満を感じたとか、人によってさまざまです。いずれにしても対象に強い関心を持つと、自分の頭の中にある知識や情報、手に入れられる知識や情報を使ってその事象を理解するためのテンプレートづくりを始めます。

テンプレートづくりは最初はなかなかうまくいかないかもしれません。必要な知識が揃っていなかったり、経験もないからアプローチした対象からリアクションをうまく引き出せなかったりするからです。

それでもジタバタしていると、試行錯誤の中でコツのようなものがわかってきて、そのうちに進歩が見られるようになります。そのようにして培《つちか》った知識は、丸暗記のときと違ってしっかりと身につきます。とくに考えをつくるときに繰り返し使っているものは、必要な状況になると意識しなくても勝手に頭の中から飛び出すようになってくるのです。

アイデアの法則

私が見ていると、新しい事象を理解するのが上手な人は、これから説明する「アイデアの法則」をうまく使っている人が多いようです。個人差はありますが、アイデアの法則をうまく使うと、仮に使える知識が足りなくても、頭の中にある知識をもとに新しい構造のものをひねり出したり、足りない知識をよそから吸収できるようになります。

私がアイデアの法則と呼んでいるのは、人の思考にはいくつかの法則性があることに気づいたからです。人は未知の事象を理解するためにテンプレートを新しくつくる場合も、考え

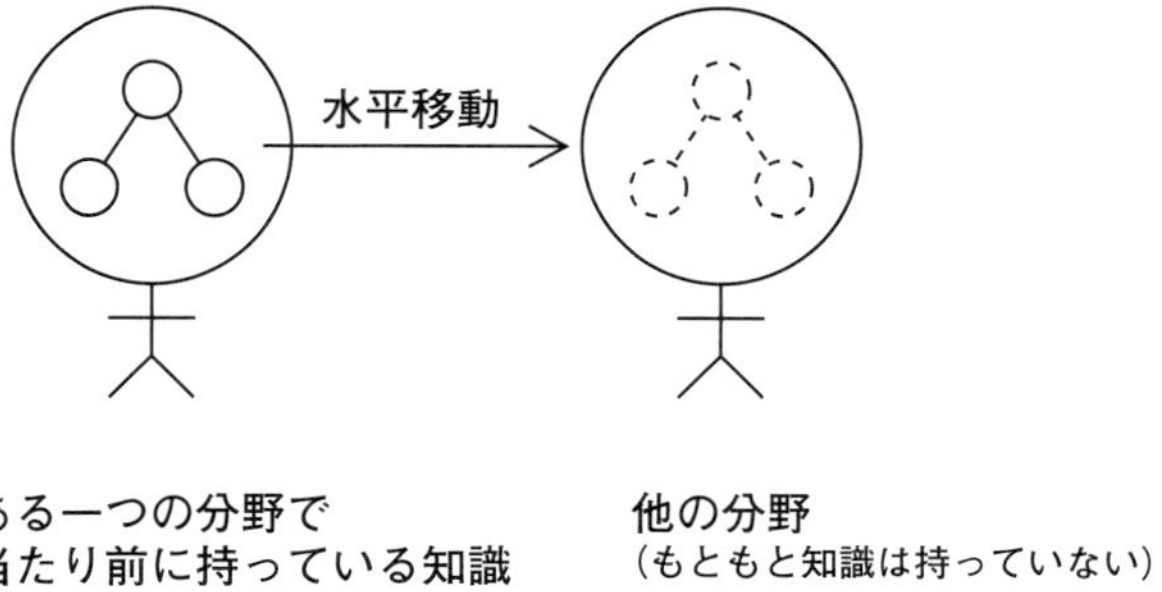

図2―8　水平法

をつくる場合も、たいていこの思考の法則に従って作業を進めています。

おそらく多くの人は、無意識のうちに自分が知っている思考の法則に従って考えをつくっています。その場合、それぞれの人のクセが出ますから、いくつかある法則の一部しか使っていないケースが多いのです。ですから、思考の法則を理解して意識的に使えるようになれば、事象の理解や考えをつくる作業もよりスムーズに行うことができます。

以下に紹介するのは、事象の理解や考えをつくるのに必要なアイデアを引き出す方法です。ここでは「**水平法**」「**四則**」「**鏡像**」「**縮小・拡大**」と名づけた四つの方法を取り上げることにします。

まずは「水平法」です（図2―8）。水平法は類推（アナロジー）を使うことで新しい着想を得る方法です。他の分野の知識や常識を自分が取り組んでいる分野に当てはめたり、逆に自分が得意としている分野の知識や常識を他の分野に当てはめて新しい着想を得るのです。ある分野の知識をもともと何もなかった他分野に水平移動するところからこの名前をつけました。

水平法を使うと、だれの手も借りずに新しいアイデアを生み出すことができます。多くの場合、考えの構造が同じで分野ごとに異なった様相（外見）で現れているので、それらを異なる分野に水平に移動しただけで新しい着想が得られることが多いからです。このときのコツは少しでも類似性を見つけることができたら、とりあえず当てはめてみることです。この段階ではそうしてできたアイデアが実際に使えるかどうかまで気にすることはありません。それはあとからじっくり検討すればいいことです。まずはとにかくやってみることが大切なのです。

それぞれの産業の人と話すと、自分たちの業界のことは詳しくても、異業種のことは知らないことが多いことがわかります。しかし異業種のやり方でも使える方法は結構あるものです。経営者が他業種からやってきた人に代わり、その業界にとっては斬新な方法で改革してうまくいくというケースがありますが、これなども水平法をうまく使った例と言えるでしょう。

水平法をうまく使いこなすポイントは、自分の関心のあることを常に頭の隅に意識することです。意識したまま街を歩いたり、メディアの情報に触れていると、考えをつくるのに役立つ多くのタネが、「このやり方が使えそうだ」といった具合に、飛び込んでくるのです。もちろんその中には、実際には使えないものもたくさんあります。そういうものは結果的に使わなければいいだけのことなので、最初から否定するのでなく、使えるかもしれないという可能性を大切にしながらさまざまな事象に触れてみることです。

次の「四則」は四つの演算を利用した発想法です。ここで言う四つの演算は、算数の足し算（加算）、引き算（減算）、かけ算（乗算）、割り算（除算）を指しています。

加算演算を利用した発想法は、複数あるものを一体化したらどうかを考えながら、新しいアイデアを導き出します。たとえば二つの店を一つにするとどうなるか、電話にカメラをつけたらどうなるか、というようにいろいろと仮想演習してみるのです。このときには、単純に二つを足してよしとするのではなく、二つを足すことで新しい機能が出てくるのかどうかということを意識します。

減算演算は加算演算のときとは反対に、複数の要素で構成されている状態からある要素を引くことで新しい効果を得る発想法です。たとえば日本の電化製品は、どれも多くの機能を有しているのが特徴ですが、最近では、機能を絞ることで値段を下げたり、使い勝手をよくしたりして人気を得ている製品もあります。機能を増やしていくことが、必ずしもよいこととはかぎりません。これは減算演算の思考の典型例です。

乗算演算は加算演算と似ています。ただ、AとBという二つの要素を利用する点は同じですが、二つを足すことで生まれる新しい機能ではなく、二つの作用を同時に加えることで起こる相乗効果に注目しています。たとえば最近の花火大会は、音楽と合わせる演出がよく見られます。それによって花火の迫力がより増したり、幻想的な雰囲気を感じさせたりしてくれます。

除算演算はいまの乗算演算の逆です。あるものに二つの作用が及ぼされているとき、一方の作用を取り除いたらどうなるかを考えることで新しいアイデアを得る方法です。二つの作用が同時に加えられている状況は、かけ算によって相乗効果が起こっているようなものです。だからそのうちの一方を取り除くことは、減算ではなく除算、すなわち引き算ではなく割り算になるのです。

除算演算をうまく使うコツは、だれもが当たり前のように思っている要素をあえて取り除いて考えてみることです。自分では当たり前と思っていること、社会で常識とされていること、会社など自分が所属している集団の中では当たり前だとされていることに疑問を感じてみるのです。

自分に影響を与えているものをちゃんと意識して、その影響がない状態を想像してみてください。それだけで発想は広がるし、そういうことを日々心がけていると、どんなときでも冷静な判断ができるようになります。

アイデアの引き出し方の三つめは「鏡像」です。これは名前の通り、対象の前に鏡を置くことを仮定して、そこからアイデアを引き出す方法です。世の中には右利きと左利きの両方の人がいますが、日本では多数派である右利きを優先してさまざまな製品がつくられています。そのため右利き用が当たり前のように考えられていますが、鏡像を使うと左利き用の世界が見えてくるので発想がより豊かになります。

もちろん鏡を置く場所は、形のあるものの前とはかぎりません。たとえば人や社会、あるいは時間の流れの前に鏡を置いてもいいでしょう。ほとんどの人が右に行く中で左に行ったらどうなるか、上に行く中で下に行ったらどうなるかを考えてみるのです。あるいはまわりの動きと反対に時間を遡って動く姿を想像するのもおもしろいと思います。そうしたさまざまなシミュレーションからアイデアのヒントを得るのです。

「縮小・拡大」という法則も名前の通りで、観察対象を小さくしたり逆に大きくしたり想像する中で、新しいアイデアを得るものです。同じものを一〇分の一にしてみたり、逆に一〇倍にしても本質的には何も変わらないように思えるかもしれません。しかし量的な変化は必ず質的な変化を伴います。縮小や拡大のポイントはまさにそこで、スケールダウン、スケールアップしたときに出てくる質的な変化に注目するというものです。

たとえばある居酒屋を経営している人がいたとします。手がけているお店の数がちがえば、運営の仕方はまったく変わります。一軒のときに成功した手法を一〇軒に広げたときにそのまま当てはめても当然うまくいきません。その反対に一〇軒のときに成功した手法を一軒のときにそのまま当てはめることもできませんが、そういうことを仮想演習で検討する中で新しいアイデアを得るのです。

第3章　「考える力」をつける訓練

工夫をしてみる

この章では、実際に私がやっていることを通じ、どのように「考える力」をつけていけばいいか、いくつか紹介したいと思います。

「考える力」をつけるには、頭の中で考えただけで終わりにするのではなく、実際にやってみることです。最初からうまくいかなくても、どのような結果を招くかを見ることで、考えをより深めていくことができます。

いまから振り返ると、私が後年、機械工学でさまざまなアイデアを考えたり、創造法を教えるようになったのは、子どもの頃の経験も大きかったようです。

私は子どもの頃から、いろいろなものを自分でつくるのが大好きでした。本箱なども自分で設計図を描き、自分で必要な材料を金物屋や材木屋で揃えてつくっていました。

両親はそうしたことに理解があったので、必要なお金は出してくれました。また父に家具がどのようにつくられているか知りたいと相談したときも、知り合いのツテを頼って家具屋を紹介してくれました。そこに弟子入りをさせてもらって一時期、学校が終わってから毎日のように通っていたこともあります。そこではニスの塗り方などを教えてもらいました。

当時、私が住んでいた都内の家の敷地内には数軒分の家の基礎が残っていました。空襲で焼かれた貸家の残骸で、これらの残骸を片づけるのも私の役割になっていました。解体はすべて自己流で、自分で考えながらいろいろな方法を試してみました。ハンマーや鏨《たがね》を使って叩き壊したり、丸太を使ってテコの原理で一気に壊したりと試行錯誤しながら一人で続けていました。この作業は小学校高学年頃から高校時代まで続き、最後は敷地の隅っこに、コンクリートの残骸で高さ三メートルほどの山ができていました。

解体の途中で、使われなくなった基礎部分を使って庭に池をつくったことがあります。六畳くらいの広さの基礎部分を池の外枠にして、その中側を少し掘って解体で出てきたコンクリートがらを敷きつめ、その上をセメントで塗って池底にしたのです。その後、水漏れがないことを確認して水を入れ、セメントのあくや水道水の塩素を抜いてから鯉を飼いました。この池はかなり長い間使い、鯉たちも大きく成長しましたが、あるときすべて死んでしまいました。原因は当時問題になりつつあった公害でした。汚染された空から油が混じった雨が降って池の表面が油の膜で覆われたため、酸素不足になって鯉たちが呼吸できなくなったようです。これに懲りてその後はこの池も潰しました。

また庭ではさまざまな植物を育てていました。あるときはチューリップの球根を二〇〇個くらい植えたり、またあるときはイチジクの木を十数本植えたりしました。父親が東京農工大学の前身の東京繊維専門学校の先生をしていたので、その縁で全国の農業試験場から球根や苗などいろいろなものを取り寄せてくれたのです。二〇〇本のチューリップが咲いた様は本当にきれいでしたが、近所の犬がチューリップ畑を走り回って茎を折り、ほとんどダメになってしまったこともありました。イチジクも植えてから数年後においしく食べられるようになりましたが、その後はクワカミキリという虫にやられて結局全滅してしまいました。

そのときには父が学校の知り合いから、クワカミキリを駆除するには硫黄《いおう》を燃やして蒸し焼きにするといいということを聞いてきたので、さっそく自己流でやってみましたが、残念ながらうまくいきませんでした。

自分で購入して庭に植えたソメイヨシノがアメリカシロヒトリという虫にやられたときにも、父の友人から教わった、虫が活動をやめて木の股の部分に戻って眠っている夜に炎で焼いて一網打尽にするという駆除方法が効果的と聞きすぐに試してみました。

私は人から聞くと、すぐに試さずにはいられない質《たち》の人間で、やはり父から「ジャガイモとトマトとナスはすべてナス科だから接ぎ木ができる」などと聞くと、すぐに試してみました。

そうしたことは、もちろん自分がやりたかったからやっただけです。でもこうして少年期から青年期にかけて、さんざん失敗を重ねながらも、いろいろと自分で工夫してやってみたことは、社会に出てから考えをつくったり、さまざまな場面で決断し実行するときに確実に生きています。

日常生活の中でちょっとした工夫をする訓練は、意識さえしていれば、いつでもだれでも簡単にできます。たとえば料理にしても、決められたレシピ通りにつくらず、自分なりの一工夫をしてみるのも、立派な考える訓練になります。冷蔵庫にたまたまあった食材でどんな料理ができるのか工夫をするのも創造行為なのです。

また宴会や旅行を計画するときに、飲食店や旅行代理店が提案するプランをそのまま使わずに楽しくなるような工夫を自分なりに考えるのもやはり立派な訓練になります。

こうした機会に、自分だけでなくまわりの人を喜ばせることも考えるといいと思います。そのほうが楽しみながらできるし、実際にまわりの人からの反応によって、自分の企画が成功だったかどうかがダイレクトにわかるからです。自分なりの一工夫が生活を豊かにしていることが実感できるので、より真剣に取り組むことができるでしょう。

思いつきノートをつける

「考える力」をつけるためにおすすめしたい具体的な作業があります。まず最初が、私も以前活用していたことがある「思いつきノート」です。日々の生活の中で気づいたことを書いておくアイデアメモのようなものですが、これを習慣化すると考える力を磨くことができます。

頭の中に浮かんだものは、どんなことでも文字や絵にしておくことが大切だと私は考えています。それは頭の中に出てくる想念は、うつろいやすく消えやすいからです。出てきた瞬間にそれを記録しないとたいていは消えてしまうし、同じことを二度表出させることはほとんどできません。逆に記録をしておくと、極端なことを言えば、いつでもだれでも使うことができるのです。

思いつきノートは、あくまで自分専用のものです。人に見せることは考えなくていいので、どんな紙を使ってもかまいません。あとで見直すことを考えると、ノートやA４判の紙を使ってバインダーなどできちんと保存できるようにするのがいいでしょう。

思いつきノートは、その名の通り何を書いてもいいものです。これといった決まりはありませんが、私は約束事をいくつかつくっていました。最初に右肩の部分にメモをつける日の日付を書き入れることと、書き終わってからでいいので左肩の部分にメモの中身を表している表題をつけることです。日付が入り、中身が一目瞭然の表題がつくと、そのメモは記録や管理がしやすくなります。データベース化して必要なときに引っ張り出すことも可能なので、一〇年後や二〇年後に見直して使うこともできるのです。

それからもう一つ、思いつきノートを書こうと思った動機と背景もきちんと記しておくようにします。これもあとから自分が見直すときのための一手間です。たんなるメモなので、動機や背景といっても堅苦しく考えることはありません。たとえば友人から相談された借金返済がテーマなら、「友だちから借金で悩んでいることを聞かされた」「かわいそうに思ったので答えを見つけてやりたいと思った」とでも書いておけば十分です。

漠然としたテーマを設定したら、それを考えたときに頭に浮かんだものを書いていきます。最初は順番や話の脈絡などを気にすることはありません。そのテーマについて考えたときに思い浮かんだことをランダムに書いていけばいいのです。そのようにして思いつきノートにアウトプットしたものが考えのタネになります。そしてこれらのタネを包括する表題をつけると、その瞬間に一段高い「上位概念」に上ることができます。

上位概念というのは、ある事象に関する概念から具体的な属性を削《そ》ぎ落として、一般化した概念のことです。たとえば人はそれぞれ、年齢、性別、国籍、住所、職業、肩書など、さまざまな属性を持っていますが、そうした属性を削ぎ落とすと、「日本国籍の男性」「四〇代の東京在住の女性」というように、もっと一般化できます。

ある具体的な世界の知識なり知見は、そのままではその世界でしか使うことができません。しかし具体的な属性を落として一般化すると、他の世界でも使えるようになります。これが上位概念に上ることの意味です。

たとえばある人が電車について学んだとします。そこで得た知識は当然、そのままの状態では電車という狭い分野の中でしか使うことができません。しかし上位概念に上って、電車のことを「水平に動く乗り物」として理解すると、その知識は同じように水平に動く乗り物の自動車にも使うことができるし、さらに上位概念に上って、「動力で動く乗り物」として理解すると、垂直に動くエレベーターや斜めに動くエスカレーターにも使うことができるようになります（図3—1）。

そしてこのようにして電車や自動車の知識を使ってエレベーターというものをあらためて見直してみると、エレベーターの危険性がくっきりと浮かび上がってきます。

前後に移動する電車や自動車は、両方向に動くことを前提にして移動を制御するためのブレーキを取り付けています。それで安全を保っているのに対し、じつはエレベーターは下方向に移動するときのことを重視し、上方向への移動について軽視する傾向があります。これはエレベーターの設計思想には、制御がなければ引力によって下に向かうという考え方がベースにあるからですが、現在の多くのエレベーターでは、滑車を介してカゴの反対側につり合い重りがついているので人が乗っていない状態で制御が解かれると上昇を始めます。そして実際にエレベーターが勝手に上昇することで、人が挟まれるという事故が発生していますが、上位概念に上って他分野の知識や知見に触れると、エレベーターの設計思想のおかしさ

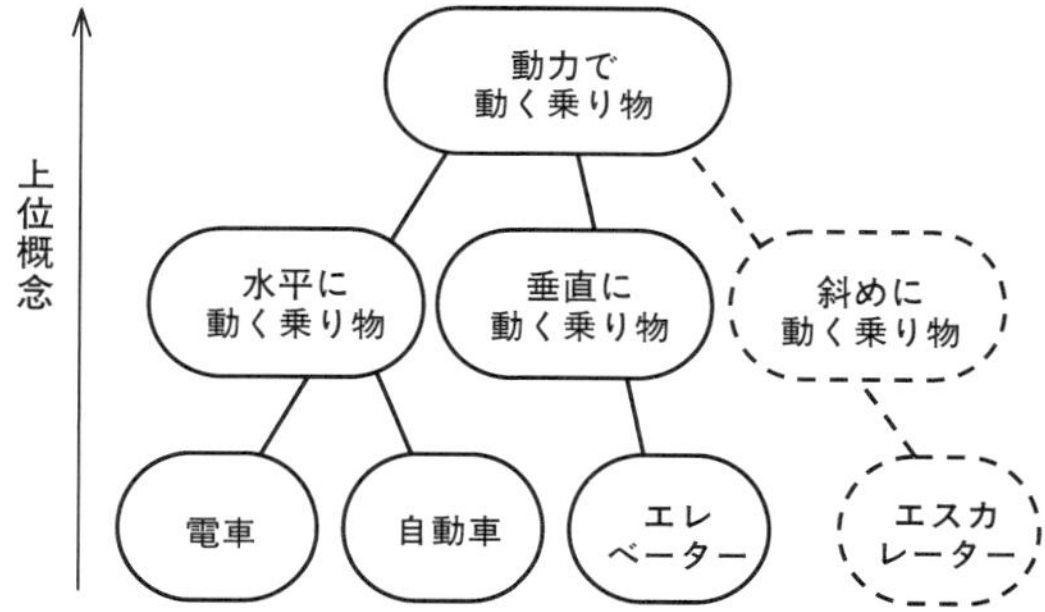

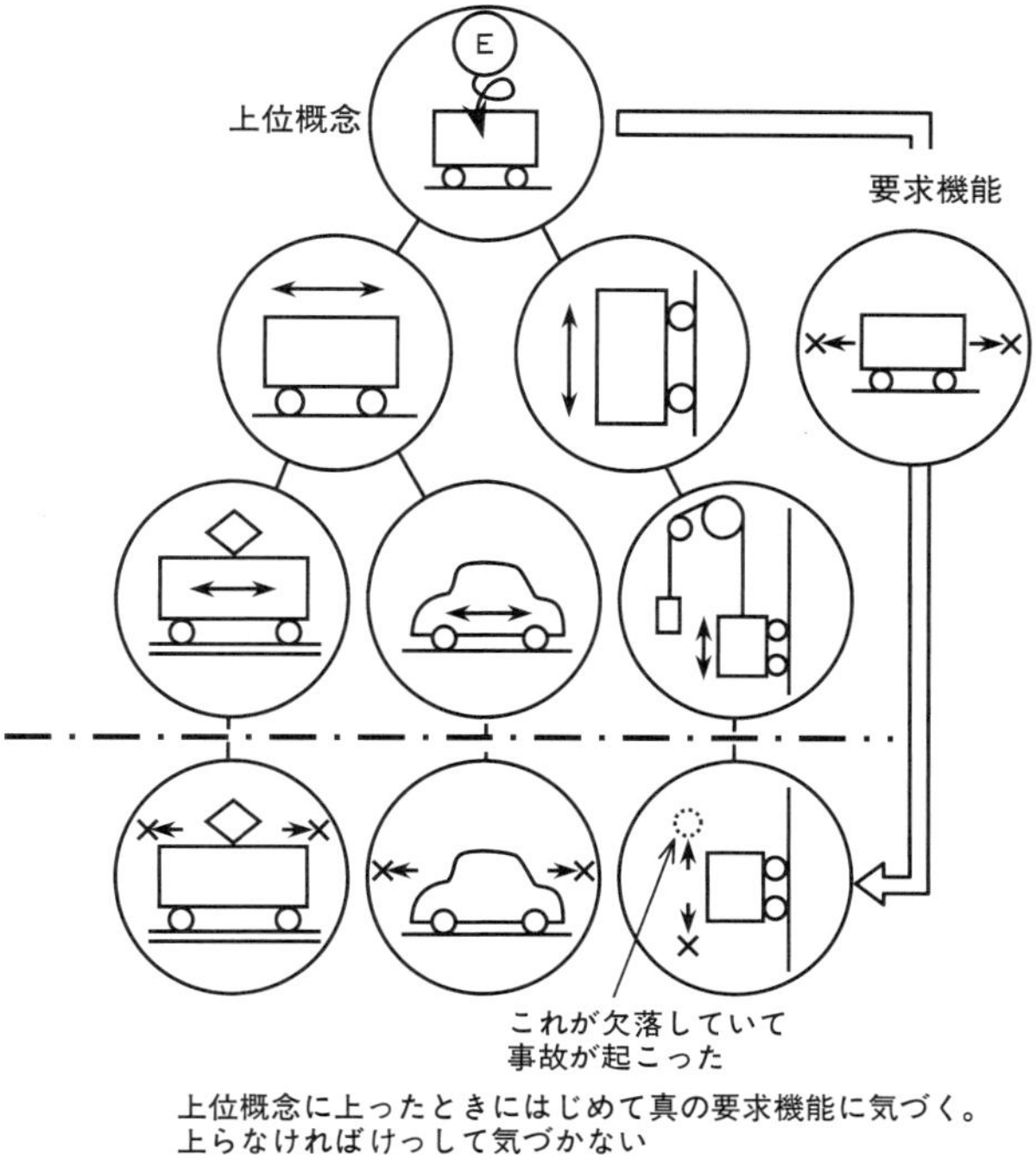

上位概念に上ったときにはじめて真の要求機能に気づく。
上らなければけっして気づかない

図3―1　上位概念に上ることの意味

に気づいたり理解することができるのです。

実見記を書く

私は前述のように、さまざまな場所に出向いて「三現」を実践しています。その際には必ず「実見記」をつくっています。実見記というのは私が勝手に名づけた言葉です。対象を実際に見ることに重きを置いていて、そのことを強調するために「見学記」ではなくあえてこのような名前をつけています。

じつは以前は思いつきノートという形で思いついたことをそのたびにつけていました。しかし考えを整理してアウトプットする必要性に迫られたので、ある頃から実見記の形にまとめることになりました。つまり実見記は思いつきノートの進化形で、実見記をつくる作業は私にとって考えをつくる訓練にもなっているのです。

私が行くのは、大きな事故の現場であったり、工場などものづくりの現場であることが多いのですが、最近は日本のものづくりを脅かしている新興国にもよく出かけています。一回に数日程度かけて新興国で工場見学を行ったり、会社の人の話を聞いたりしているのですが、いまは一つでも多くの工場を回るよりも、必ず現地観光も入れるように心がけています。そうしないと現地を包んでいる文化や、空気感のようなものがわからないからです。

参考として、ここでは私が実見記をつくる過程を紹介しておきます。例としてあげる実見記は、二〇一五年にタイを訪れたときのものです。

実見記を書く作業は、だいたい見学をしてから一週間くらい経ってから始めます。それまでにも頭の中でいろいろと思い出していますが、すぐにやらないのは機が熟していないからです。一週間くらい経つと、あれこれ思い出しているうちに自分の中で見てきたもののウエイトづけができてきます。そうなると「これとこれとこれを言葉にして書きたい」と思うようになるので、このタイミングで作業を始めるようにしています。

最初に行うのは、言葉を吐き出すタネ出しです。次章で説明する思考展開法では、タネ出しのときに付箋《ふせん》に書くようすすめていますが、ここでは付箋は使わずに、Ａ４判の紙の上に頭の中にバラバラに出てくる、自分が大事だと思った言葉を書き出していきます。その際には、あとから必ず追加して書きたくなることが出てくるので、ある程度スペースを空けておきます。

だいたいその頃には、上位概念になりそうな言葉も自分の中である程度かたまってきているので、一緒に書き出します。

この作業はだいたい朝起きたときに行っています。頭の中である程度整理ができてくると、不思議とそれを無性に吐き出したくなります。そうなったときには、朝五時とか六時頃に目覚めてから寝床で寝っ転がってやっています。この頃になると、はじめはもやもやしていたものが言葉になっているので、すらすらと書くことができます。その後の括《くく》りや、括ったものを構造化する作業もある程度は頭の中で進んでいるので、作業はかなりスムーズにできます。

次ページにあるのが、そのときの作業を再現したものです（図3—2）。タイの実見記をつくるにあたってまず図の中の左に並んでいる言葉を書きました。最初に出てきたのは「洪水」という言葉です。次が「高架鉄道」「自動車」などで、これらはタイでの三現で最も見たかったものを象徴しています。二〇一一年の大洪水では、タイに進出していた日本企業が大きなダメージを受けました。そもそもタイに進出している日本企業がそういうものをどう見ていたのか、あるいは対策はどうなっていたのか知りたかったので、こうした言葉を真っ先に書きました。

次に書いたのは、「セブンイレブン」、そして「高速道路広し」とか「鉄道未整備」「オートバイタクシー」「バラバラの多数の電線」などの言葉です。これらはすべて「街中で見た光景」という上位の概念で括ることができます。じつはセブンイレブンという言葉が出てきたのは実際にはこの中では最後だったのですが、地元の財閥との提携で大躍進を遂げているという話を事前に聞いていて、その通りの光景を目にしたのが非常に印象的だったので、結

タイ実見記　2015－10－21～2

A－1　洪水　行く前に考えていたこと　洪水を考慮しなかった？
現地で見たこと・聞いたこと　部品メーカー、完成品メーカー　防水塀
堤防ではない
立地選定経緯聞けず　道路の川の乗り越え　排水　2011年
2006年にもあった
もともと湿地帯　バンコク防衛　気候激化　バンコク周辺の排水　アユタヤ
トヨタ・日産は被害なし　どこへ避難　クレーン手配

B　街中で見た光景

B－5　セブンイレブン　地元財閥と提携　8000店舗　ファミリーマートやローソンは？
街中どこでも道の片側に１軒、道を挟んで２軒、反対側に１軒
焼酎１本1100バーツ（4000円）

B－1　高架鉄道、地下鉄　カード、トークン　高架鉄道は道の中央高架　3.5～５分間隔
初乗り料金

B－2　自動車　高速道路広し　鉄道未整備　街中の道狭し　渋滞

B－3　オートバイタクシー　三輪車　スクーター　オレンジ色のシャツ
後部座席に片側乗り、運転手に抱きつく

B－4　バラバラの多数の電線　ときどき未使用の電線が丸められていた
四角いコンクリート柱

A　実見で知ったこと

A－4　下請け企業の海外進出　部品メーカー　射出成形　金型
事務器用から自動車用へ　親会社の身勝手　進出動機

A－2　出力型作業　D社　応用脳科学の好例　作業品質の向上　多能工
運用のフレキシブル化

A－3　人材育成　D社　地域の尊敬
受動型人材の育成はできるが、挑戦型人材の育成は難しい

B－7　歴史と観光資源　博物館　17世紀からしかない

B－6　ラーメン・和食　日本人在住５万人　日本人学校3000人　和食店2000店

図３－２　実見記メモ

果的に書く場所がいちばん上になっています。

その他のものは、現地で実際に見て印象に残った光景です。国が違えば考え方や文化、発展の仕方も違うので、同じものでも日本とはかなり違うところがあります。そうした自分が直接この目で見て感じてきたことを書きたくて、こうした言葉を並べています。

次にあげている「下請け企業の海外進出」「出力型作業」「人材育成」なども実見で知ったことです。こちらはタイに進出している日本企業の見学の際に知ったことなので、街中で見た光景と区別して「実見で知ったこと」という上位概念で括っています。

最後はタイの文化に関するもので、「歴史と観光資源」という言葉をあげています。博物館に行ってみたところ、一七世紀より前のものはなかったので、「タイの人には博物館はいらないのか」と強く感じて入れたくなりました。ちなみに「ラーメン・和食」というのはあとから付け足した言葉です。バンコクにはラーメン屋や和食店などがそこら中にありましたが、そのことは忘れていました。しかし見直しているうちに思い出して、最後に付け加えています。

まだ、こうした作業に慣れていない場合は、思いつきノートで説明したように、最初は思い浮かんだ言葉をバラバラでいいのですべて書き出してもいいでしょう。しかし慣れてくると、思い浮かんだ言葉の羅列ではなく、最初からある程度整理した形で書けるようになります。あるところは、最初に書いたのが通常なら上位概念に該当する言葉になっていたりします。そこから思考を広げて、それぞれ印象に残ったことを付け足している形になっているところもあります。たとえば「洪水」という言葉に続けて、「行く前に考えていたこと」「現地で見たこと・聞いたこと」「防水塀」「堤防ではない」というふうに書いたり、「出力型作業」には「応用脳科学の好例」、人材育成には「地域の尊敬」という大切なキーワードを続けています。

こうしてタネ出しを行って上位概念で括ってから、それよりもさらに上位の概念に上って中身を見直してみました。そこで出てきたのが「実見で知ったこと」「街中で見た光景」「洪水」「その他」という四つの括りです。しかし検討しているうちに、この通りに実見記を書いたら、読む人がわかりにくいのではないかと思いました。それで最終的には、「実見で知ったこと」と「街中で見た光景」の大きく二つで全体の構造をつくることにしました。

ここまでの作業は、起きがけに布団の中で行いました。その後、別の日に時間をつくって、実見の前に読めなかったタイに関する本を読みました。おそらくタイに行く前に読んでいたらほとんど頭に入らなかったと思いますが、ここまで整理しておくと吸収の仕方が格段に違います。必要な情報を自分から取りにいくようになり、これは大事だと思える事柄が、どんどん頭に入ってきました。

じつはこれらの情報は、私が実見記を書く上で抜けていたタネでもあります。全体の構造を決めてから見直しを行うと抜けている部分に気づきます。この作業で加えたタネの中には、最初の段階で頭の中に表出できなかったものの他に、あとで読んだ本から加えたものもあります。先ほどのメモの中の網がかかっている言葉がそれです。ちなみに全体を見直して不足しているタネを加える作業は、布団の中で行った日から一週間後、出張のための移動中の列車の中で行いました。その際には一緒に、洪水対策が一目瞭然でわかる絵と、現地で見た出力型作業に関する絵も描きました。

このようにして、タネ出しした全部のタネを、タネを括って得られた上位概念A「実見で知ったこと」とB「街中で見た光景」の二つに分け、それぞれの括りを細分化して、それぞれA―1〜A―4、B―1〜B―7と番号を振って実見記の構造化をしました。

101ページで紹介しているメモは、このようにしてつくりあげたものです。思考展開法では、これらの内容を思考関連図に落とし込みながらさらにブラッシュアップを図ります（第4章参照）。しかし今回の作業は実見記を書くために頭の中を整理することを目的にしているので、そこまではしていません。

わずかA4判の用紙一枚に書かれている中身は、説明を聞かなければ、おそらく他の人にはなんだかよくわからないものに見えるかもしれません。しかし私から見ると、これは頭の中を整理した私の考えそのものです。ここまでくると自分の表現したいことや中身がはっきりしているので、実見記をつくる作業をスムーズに進めることができます。実際、その後はこのメモをもとにＡ４判で一五枚ほどの実見記を口述でつくりました。その一部を縮小して次ページの図３―３に転載しています。

ちなみにこうして完成した実見記は、見学の手配をしてくださった方や同行者に必ず送ることにしています。骨折って現場を見せてくれた人へフィードバックすることで、その人の仕事に別の視点が提供できる場合もありますし、「見せてもらってよかった」と思ってもらえればなによりです。

とくに好評なのが、自分なりの感想の形で評価を入れている部分のようです。自分が見学したことに対し、要素と構造のみ示すだけでは、受け取り手は論文を読んでいるようでつまらないでしょうが、評価があることで相手方にも新しい発見があったり、逆に批判や反論をしたくなったりして、ついおもしろがって読んでくれるのではないかと思うのです。こちらにとっても実見記を送るということは、人によって自分の考えがもう一度評価されるということですから、そこで私自身の考えの抜けを指摘してもらうことにも大いに役立っているのです。

C. 実見で見たこと・考えたこと

C.1 タイの洪水

2011 年 10 月にタイで洪水が起こった．上流の方から水が押し寄せて，工業地帯が水没しそうだということが報じられた．洪水はゆっくりではあるが確実に一帯を覆い，押しとめようもないような力で確実に水が押し寄せるという感じであった．この報道を見ながら，タイで洪水が起こることはあらかじめ予想されていたはずだから，洪水をきちんと考慮した立地の選定や対策が行われているのではないかと自分なりに勝手に考えていた．

図3 タイの河川

実際の成り行きは，工場が被水して製造ができなくなり，サプライチェーンが切れて，世界中で電気製品や自動車などが作れなくなるという事態に陥ったというものである．サプライチェーンという考え方や供給責任の大事さを思い知らせる事故であった．私はこの話を聞き，十分に考え尽くし，必要な対策をしなければならないのに，それができていなかったためにこうなったと考えた．

しかし，現地に行ってみると，話はだいぶ違っていた．元々，タイの南部は標高が低く，水が出るのが当然という認識を持っていたが，実際には想定していたよりも水の量が多く，それで水没したというのが実情のようである（図 3）．

バンコクの北約 80km のアユタヤのロジャナ工業団地にある自動車会社のタイ・ホンダと射出成形をやっている独立系の日系企業の 2 か所で，2011 年の洪水の実情について説明を聞いた．床から約 2m 超のところまで水没し，ホンダでは完成車 1000 台強が水没し，使えなくなった．また，射出成形機が水没し，地面の高さに置いていた金型が全部水没したということである．

話を聞いて興味深かったのは，水没したままなら機器は錆びないのに，潜水夫を使いワイヤーで釣り上げて水から出した途端，錆びはじめたということであった．水に浸かっている間に防錆処理等の準備をし，水の中から引き揚げたらすぐに作業しなければならない．逆に水が引いて空気に曝される恐れがあれば，プールの中に金型を保管しておいて，防錆処理の準備をしなければならない．このように，洪水が起こった後でどうするかを始めから考えておかなければならないというところが面白かった．ただ，見学に行く前から気になっていた，ここの工業団地を立地として選定した経緯を聞くことはできなかった．聞きたい中身を予めメモ書きした上でインタビューすることが必要だと思った．

ホンダの工場で洪水について尋ねると色々なことを教えてくれた．水没した深さは約 2m，製品 3000～4000 台は他の場所に移動していたが，移動が間に合わなかった車 1055 台が水没してしまったということであった．工場の再開には 4 か月くらいかかったそうだ．

洪水への対応について考えていることを話してくれた．大型設備の移設は実際には不可能である．

2

しかし，移設可能なものについては，それを移設するということが考えられる．自走できる自動車は他所に移し，そしてクレーンを手配して主要な機械を動かすのだということであった．しかし，いつ発生するかわからない，何十年かに 1 回来るような洪水に対して，移設のための機器や場所を自分達で保持しておくのはあまりに無駄が多く，実際には洪水が来ることがわかってから，設備や製品を外部に運び出す手配をするしか対策はないということであった．洪水が発生すれば，周囲の工場もみな同じ動きを始めるわけだから，避難させる場所や必要な機器を周囲に先んじて手配する必要があり，洪水が発生してから考えたのでは遅すぎる．移動場所や移動のための機器を予め探しておき，契約通り実行できる手立てを確立しておかなければならない．しかし，これだけ低地が広範囲に広がっていると，設備や製品の避難先は 100km 先とか，相当離れた所になるのかもしれない．そこまで運ぼうとすると水平の移動距離が長すぎて，移動も非常に困難なのではないかと思った．

工業団地を囲む堤防があると聞き，見に行った．防潮堤のような土を盛り上げた堤防があるのかと思っていたが，そういうものはなく，おおよそ 2m 程度の鉄筋コンクリートと思われる"防水壁"または"防水塀"というようなもので工業団地全体が囲まれていた（図 4）．これは洪水後に建設されたものだそうだ．工業団地の出入り口となる道路は水路を渡るところで盛土されて高くなっていた．見る前は津波の防潮堤のように，道路部分には水門のようなものがあるのかと思っていたが，道路を高くして水が乗り越えられないようにした構造の方が手間もいらず，よほど合理的である．また，溜まった水を水路に排水するポンプ小屋とでもいうようなものや配管を何カ所かで見ることができた（図 5）．

タイの地形を見ると，バンコクからアユタヤまでの距離は約 80km，そして標高差はたったの 2m 弱しかない．この地域は 2m／100km の勾配しかないということである．要するに，アユタヤ地区だけではなく，全体が巨大な天然の遊水地のような地形になっていると考えなければならない．ここに溜まった水は緩やかに海に向かって流れ下り，一度洪水が発生すると，なかなか水が引かない．

図4 アユタヤ地区のホンダの工場付近で見た防水壁（高さ2m位）

この地区はもともと，数年から数十年に 1 回，雨季に降水量が多い年は水溜りのようになる場所である．2011 年の前にも 2006 年に洪水があり，その時の方がもっと規模が大きかったということである．バンコク周辺の低地帯または湿地帯を利用していることを考えれば，広範囲に低地の洪水対策を考える必要がある．

そのような場所であるにもかかわらず，

図5 3 アユタヤ近傍で見た防水壁と道路の乗り越えの構造および敷地に溜まった水の排水施設

＊実際の実見記では、「A 行程」「B 見学の動機・経緯・目的」「C 実見で見たこと・考えたこと」「D バンコクの街中で見た光景」にしました。

図３―３ 実見記の一部

工業用水に使うために地下水を汲み上げたため，地盤沈下しているということであった．東京でも終戦後全く同じように地盤沈下が進んでいたが，現在では地下水の汲み上げを禁止しているので，地盤の沈下は止まっている．それでも海抜ゼロメートル地帯であったところはマイナス 4m 位になっている．仮に東京に高潮が来たり，台風が来たり，または地震で防潮堤（東京では 2.7m しかない）が一か所でも崩れれば，江東のデルタ地帯，葛飾などの低地地帯は 4mほど水没してしまう．これだけの水を排水しようとすれば，例えば 1 ケ月とか 2 か月とか，非常に長く時間がかかってしまうであろう．その間に産業も生活も全く成り立たなくなる．このような危険な状況は東京だけの話ではない．愛知県と三重県の県境の木曽三川の河口地域には東京の 1.5 倍の面積のセロメートル地帯がある．このようなことを考えると，低い土地に工場を作るということがそもそも無理な話なのではないだろうか．周囲を防潮堤や防潮壁で囲うという対策では無理が多すぎる．

やはりこの工場立地を選定するときの経緯をきちんと聞くべきだった．早い段階でタイに進出したトヨタや日産の工場は洪水の被害はなかったということである．工場が進出するとき，土地の状況や洪水のことを十分に考えてそういう心配のないところを選定することができたのではないだろうか．後からタイに進出したホンダは洪水の可能性はわかっているが，そこを選定せざるを得なかったというのが実情なのでないかと思う．

洪水でサプライチェーンが断絶し，日本の企業のリスク管理を非難する声があちこちから聞こえ，私もそのときはここを選んだ浅慮を考えた．たぶんそれは間違いで，わかっているけれどもそこしかなかったと考えなければ，実情の把握ができないのではないかと思う．

C.2　D社

(1)　出力型作業

D社では，組立作業をしている女性が口で何かを言いながら作業をしているところを見せてくれた（図 6）．小声でしゃべっているのでマイクを口元に持って行って聞かせてくれたが，タイ語なので何を言っているか全然わからなかった．しかし，作業の内容を声に出しながら作業をしているのだと説明があった．これを見たとたんびっくりした．作業の手順を決めて，言葉や図を使った作業指示書を作ってやり方を教えることはどこでもやっているが，ここでは自分の頭の中に作業内容を取り込み，作業のたびに自分の頭の中の記憶装置からそのデータを取り出して発声し，それを聞きながら作業をしている（図 7）．まさに応用脳科学を実践しているのである．

図6　D社のタイ工場で見た出力型作業
～応用脳科学の実践例～

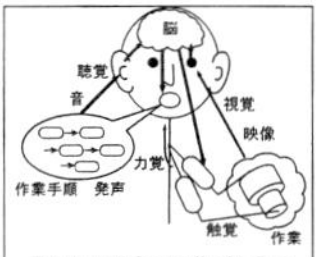

図7　出力型作業で人の体に起こること
～人の五感の総動員～

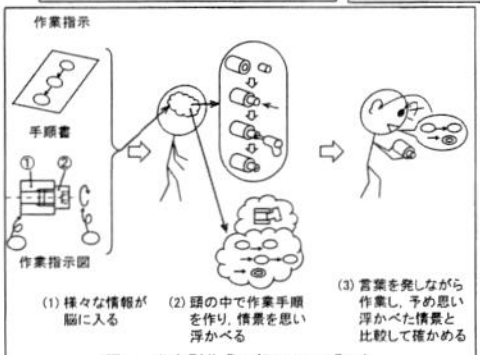

図8　出力型作業で起こっていること

まず，頭の中の引き出しに入っている知識やマニュアルを取り出し，それを声に出すときには，発声の筋肉を使う．組立作業で発生する音と自分の声を耳で聞き，聴覚から脳へフィードバックがかかる．作業を行うときには筋肉を使い，力覚や指先の触覚からフィードバックがかかる．さらに目を通じて全体の情報を獲得し，フィードバックしている．

このように聴覚・力覚・触覚・視覚等の五感をフルに使って自分の行っている作業を脳にフィードバックして全体像を作りながら，作業をしている（図 8）．このような作業方法の効果を聞いてみると，作業品質が非常に向上するということであった．

また，1 人に 1 種類の作業をやらせるだけではなく，数種類の作業ができるようにしているそうだ．そのような多能工を沢山持っていることによって，運用のフレキシブル化ができる．全体としてこういう組立作業のシステム構成の柔軟さが全く変わってくるということを聞き，感銘を受けた．

日記や業務報告書の有効性

実際に日常生活で実見記を書くような機会がある人は、少ないかもしれません。それでも日常的に行っていることの中にも、考えをつくる訓練に使えるものはいくらでもあります。たとえば日記やブログなども実見記と同じような書き方をすれば、考えをつくる訓練の場に利用することができます。書くテーマがあれば、そのテーマについて考えたときに思い浮かぶ言葉をまず書き出します。そして上位の概念に上ってそれらを共通項で括っていくと、いくつかの小さなかたまりができます。この小さなかたまりを括って構造化していくという作業を繰り返します。こうして完成したものは、そのテーマに関して自分でつくった考えになります。

この作業は慣れていないうちはかなり時間がかかります。それでもジタバタとやっているとだんだんと頭の中に思考回路がつくられていくので、そのうちにかなりスムーズに進められるようになります。それだけでなく、書くことを意識することで、身のまわりの事象への接し方も変わります。**アウトプットを意識して観察するようになります。**意識が変わるのです。

さらに、書き出すことで、自分の考えに抜けがあることもよくわかるようになります。そこで必要と思えるタネ、すなわち情報や知識に積極的にアプローチするようになります。そうなればしめたものです。これを繰り返し行うことで、やがては観察する対象の本質を理解できるようになってくるのです。

中には日記やブログなど書く時間がないくらいに仕事が忙しいという人もいることでしょう。そんな人の場合は、仕事として書いている業務報告書を利用するのも一つの手です。

日記やブログは自分で好き勝手なことを書けますが、業務報告書は「決まり切った形を押しつけられて嫌々書かされているもの」というのが多くの人の認識ではないでしょうか。こんなものが考えをつくる訓練に使えるとは思えないかもしれませんが、じつはこの「フォーマットが決まっている」というのが業務報告書の利点です。そのことを意識して使えば自分の頭の中を素早く整理することができるのです。

業務報告書のフォーマットは会社によって異なりますが、概して言えるのは、それぞれの会社のフォーマットは少なくともその会社の中では最も早く考えを整理できて、なおかつ人に伝えることができる構造になっているはずです。

このフォーマットに従えば、一から考えなくても楽に自分の頭の中を整理することができます。さらに整理したものをアウトプットすることができるし、それらを決まり切ったフォーマットの中にはめ込むことで他の人にわかるように伝えることもできます。業務報告書は本来、これだけ多くのメリットがあるものです。そのことに目を向けずにたんなるルーティンワークとして書いているのは、じつにもったいないことです。

多くの人が業務報告書を書くことに嫌悪感のようなものを抱いているかもしれません。これは決まり切ったフォーマットで書くことが「無理矢理従わされている」と感じるからでしょう。そのように思ってやっていたら、業務報告書を作成する時間がムダに思えるのは当然です。この時間を考えをつくる力を磨く訓練にするには、発想の転換が必要です。

といっても難しく考えることはありません。多くの人はフォーマットに合わせることに労力を使っているようですが、あらためるのはこの点です。考えをつくる訓練になるという観点では、それより大切なのはやはり書く中身を真剣に考えて、先ほど述べた日記やブログを書くときの方法で報告書をつくってみることです。そのようにして取り組めば、業務報告書の作成にかける時間をムダと感じることもなくなります。もちろん最初はいままでの業務報告書作成に比べれば時間はかかるでしょう。しかし、それだけの時間を使えば自分の考える力が身につくのですから、その時間がムダなわけがありません。

ムダな時間といえばこんな話があります。最近は、社内会議で使う資料を「PowerPoint（パワーポイント）」というソフトウェアで作成することを禁止している会社が増えてきていると聞きました。目的は資料作成に要する時間のムダを省くことです。パワーポイントで作成した資料は、見栄えがいいのでプレゼンテーションにおける説得力が増すように感じられます。そのため、資料作成はパワーポイントで行うことが基本となっている会社も多いようですが、パワーポイントには、作成に時間がかかることと、見栄え重視でじつは何が言いたいのかよくわからない資料になりやすいという弱点があります。その時間のムダに気がついて、少なくとも社内用資料はパワーポイントで作成することをやめようというのが趣旨のようです。

私はこうした意見には賛成です。社外のクライアント用にはある程度見栄えも必要でしょうが、とりわけ社内の会議資料で重要なのは、その会議の目的にかなった問題点や論点がはっきりとしていることであって、見栄えではありません。

本当に必要なことなら、いくら時間を使ってでもやればいいのです。しかし意味のないこと、すなわち形を整えることに多くの労力を使っているのは、ムダ以外のなにものでもありません。世の中にはそういうムダなことをムダと感じずに仕事だと思い込んでいる人がたくさんいます。しかしこれではいつまで経っても考えをつくるようなクリエイティブな仕事はできないでしょう。

第４章　「考えをつくる」作業

この章では、私たちがふだん使っている「考えをつくる」作業そのものの説明をしましょう。まずはじめに「タネ出し」をやり、次にそのタネを「括り」ます。そして括ったタネの関連をつけて（ラベルをつけて）「括りから構造化」へ進みます。こうした作業をしているうちに、解決したい課題が見えてくるので、そのうちのひとつを選んで課題解決のための「思考展開図の作成」へと進むのです（図4―1、図4―2）。

作業① タネ出し

私は一九八八年に大学の研究室OBを中心とした仲間たちと、「実際の設計研究会」というグループをつくりました。単なる図面描きや設計計算ではなく、生き生きと動いている設計を学生や院生に伝える本をつくろうというのが会をつくった趣旨でした。以来設計のガイダンスとなる書籍の出版などの活動を続けています。

その研究会で創造的な設計とはどのようなものかを研究する中から生まれたのが、「思考展開法」という手法です。使ってみると、自分の考えが整理される上、チームで使うと、情報の共有化ができて、さらに創造的な作業がスムーズに進められることがわかりました。そのため、いままでは考える力を高めることを目的とした企業研修（だれが言い出したのか忘れましたが、いつの間にか「畑村塾」という名前になりました）でも思考展開法を使って、実際に大きな

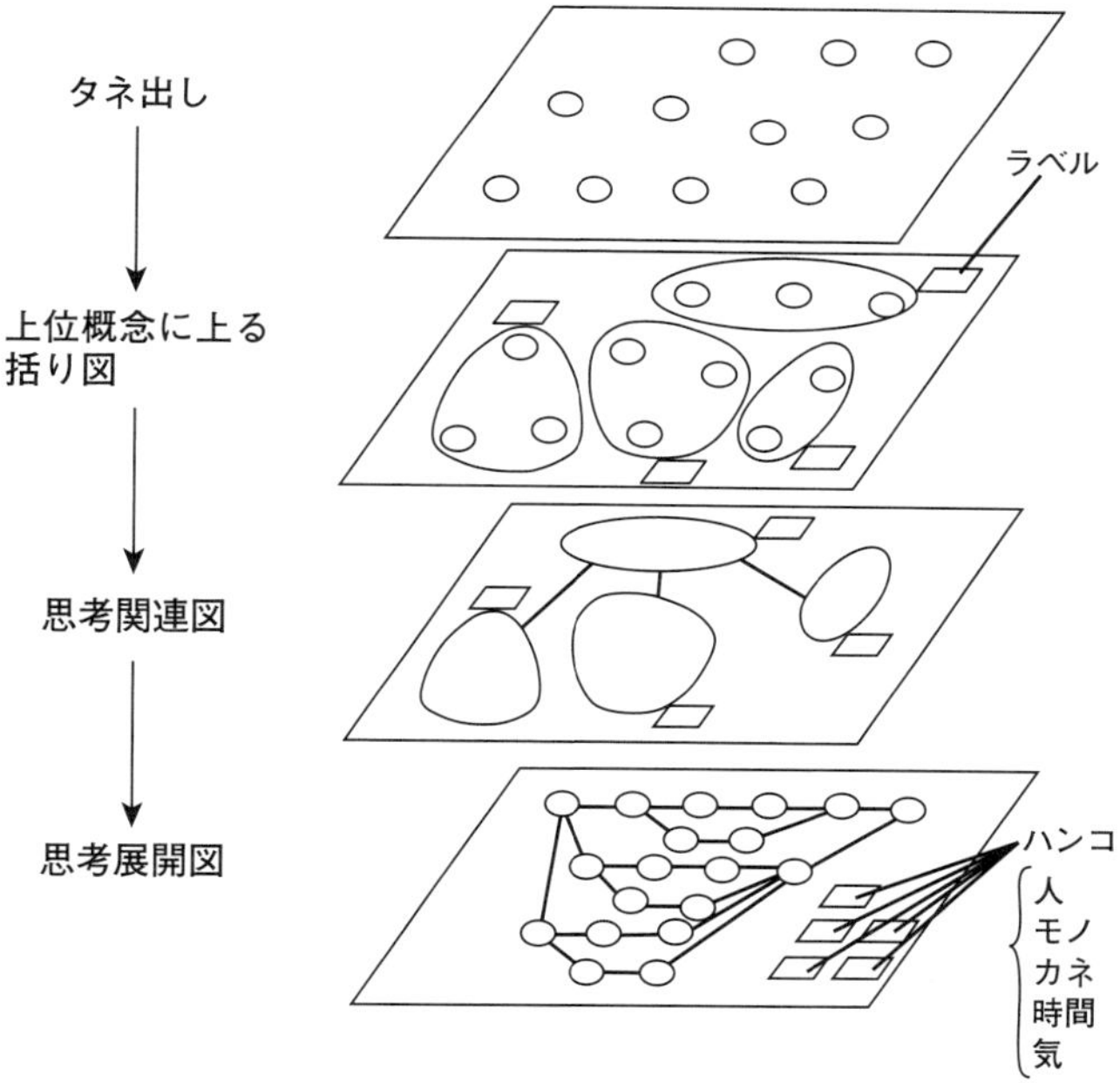

図4―1　新しい考えをつくる手法

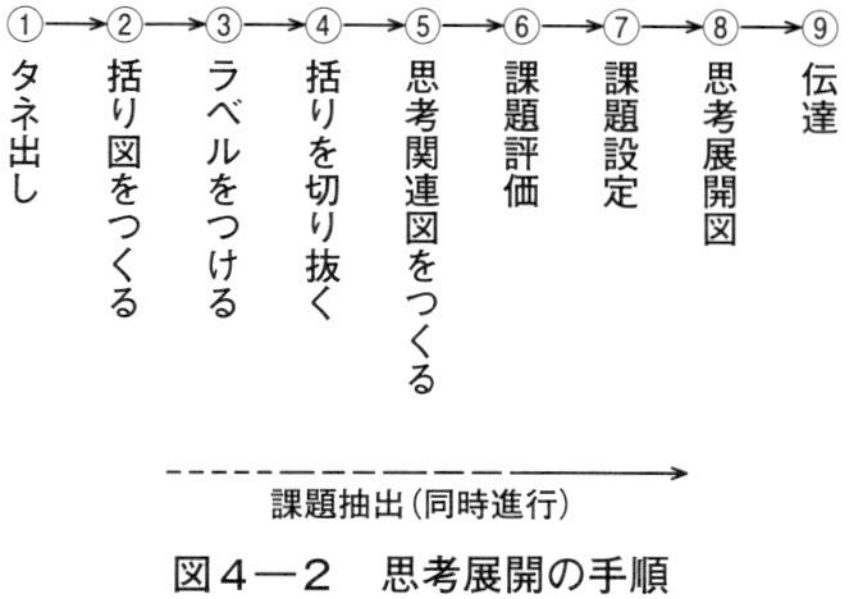

図4―2　思考展開の手順

成果があがっています。

それでは例を使いながら実際の手順を説明します。

例は私が「ある回転寿司チェーンの経営者だったら」という前提でつくったものです。全国展開をしている大手のチェーンと違ってある二つの県内で営業を行っています。売りは独自のルートから安く手に入れているマグロを使った寿司で、これを武器に差異化を図っています。回転寿司チェーンの経営はいまのところ順調であるものの、これから先はわかりません。そこで、今後起こり得るアクシデントにどのように対処するかを思考展開法を使って考えています。

118～119ページの図4―3はタネ出しを行ったときのタネの一覧です。回転寿司チェーンの経営者だったら何を考えなくてはいけないか、今後起こり得るアクシデントについて考えたときにこんなことを思い浮かべました。

国際情勢に関する言葉が多いのは、売りにしているマグロの仕入れ先の環境の変化を心配しているからです。日本と違って海外には政治や社会の情勢が不安定な国もたくさんあります。そこで問題が起こった場合、安価なマグロが手に入らなくなって、回転寿司チェーン全体の戦略を練り直さなければならないかもしれません。そういうことを意識してのタネ出しになっています。

タネ出しの際は、テーマについて考えたときに頭の中に浮かんだもの（タネ）を付箋に一つずつ書き出していきます。付箋を利用するのは、あとで移動させて整理することが楽にできるからです。ちなみに付箋に書くときには、タネの前に数字をつけておくと、あとの整理や自分の考え方の分析など、さまざまなことを行うときに便利です。

タネを表出させる形は、単語でも短文でもかまいません。とにかくバラバラのままでよいので、頭に浮かんだことをそのまま書き出していきます。タネとタネの関連性なども考える必要はありません。また、きれいに整理しようとか、型にはめ込むようなことも考える必要はありません。思いつきノートのときと同じで、とにかく思い浮かんだことをそのまま表出させていきます。

こうして付箋に書いたタネは、Ａ４判の紙に順番に貼っていきます。例では一〇〇個タネ出ししましたが、タネは多ければ多いほどよいので、一五〇個程度を目標にしてください。また、この先の作業を進める中で新たに思い浮かぶようなものがあったら、その都度付箋に書いて足していきます。

52 経営会議
53 対策会議
54 PR
55 決意広告
56 社内への伝達
57 マグロの仕入れ再開
58 再開の時期
59 ロビー活動
60 A国の政治家
61 産地偽装騒ぎ
62 真の味方
63 顧客の舌
64 うまさの記憶
65 記憶の期限
66 うまい・安い
67 人気の比較
68 日本人の味
69 カレー・ラーメン
70 空手・柔道・芸者
71 中国市場
72 アメリカ市場
73 海外進出
74 活動拠点を変える
75 海鮮丼
76 ウニ丼
77 イクラ丼
78 人時売上高
79 回転率アップ
80 厨房の改造
81 終わりなき生産性向上
82 トヨタ
83 マニュアルの意味
84 従業員の危機感
85 もって奇貨とす
86 変化を促す天の声か？
87 寿司一本からの脱却
88 単一メニュー
89 複数メニュー
90 ブランド力
91 出店位置の保存
92 賃貸契約の見直し
93 フランチャイジー
94 再開を期待する心
95 甘えを断つ
96 売り上げの減少
97 ４割減
98 想定不十分
99 一本化のツケ
100 やはりマグロ中心の寿司

図４―３　タネ出し（ある回転寿司チェーンの経営者だったら）

1 輸入できない

2 A国の役所

3 A国の業者

4 A国の漁師

5 A国の加工会社

6 取引停止

7 マグロの販売停止

8 在庫量

9 販売停止までの期間

10 駆け込み需要

11 パニック

12 代替メニュー

13 サーモン

14 ハマチ、ブリ

15 エビ

16 新メニュー

17 A国以外の海外産

18 店の閉鎖

19 20店→12店

20 営業時間短縮

21 アルバイトの大幅縮小

22 レイオフ

23 従業員の自宅待機

24 赤字決算

25 銀行借り入れ

26 魚以外の食材

27 供給・配達方法

28 工場内作業の変化

29 サーモンの切り方

30 冷凍サーモンの解凍

31 国産か輸入か

32 国産でまかなえるか

33 輸入品の品質

34 国産品の品質

35 新メニューの開拓

36 新メニューの選択

37 新メニューの評価

38 市場実験

39 価格設定

40 従業員の訓練

41 従業員の動揺

42 従来の価格でできるか

43 値上げして大丈夫か

44 最後に落ち着く価格

45 食中毒

46 予期せぬトラブル

47 ライバルとの競争

48 Aチェーン

49 Bチェーン

50 Cチェーン

51 先例（失敗例）

作業② タネを括る

タネ出しの作業が終わったら、書き出したタネの関連性や共通性を見ながらグループ分けをしていきます。この作業が「括り」です。括りは、A３判の紙を用意してその上で行うとスムーズにできます。

それぞれ括ったタネ群の頭には、それぞれ関連性や共通性を示す言葉（ラベル）を、タネを書いた付箋とは別の色の付箋に書いて貼ります。ここで付箋の色を変えるのは、レベルごとで付箋の色を変えたほうが、それぞれの言葉が意味するもの（階層）がわかりやすいからです。だいたい最上位、上位、中位、タネの四通りの色の付箋を用意しておくといいでしょう。

ここで、括ったタネ群のいちばん上に書かれているラベルが「上位概念」になります。グループ分けはいくつしなければいけないという目安はありません。ここでは上位概念の数など気にせず、意味がしっくりくるようにグループ分けをします。ちなみにこのときグループに入らないタネがあったら、どこかに無理矢理押し込めるようなことはせず、右下のほうにまとめて貼っておきます。

括りの作業は一見すると簡単そうですが、慣れていない人は、まずここで躓《つまず》くことが多いようです。これは最初に表出したタネの概念のレベルが必ずしも一定とはかぎらないからです。タネ出しは思い浮かんだことをそのまま書き出しているだけなので、下位の概念と上位の概念が混在しています。タネを整理する括りでは、概念のレベルも考える必要がありま す。括りの作業中に、下位の概念のタネの中に上位の概念の言葉が入っていると気づいたと きには、付箋の色を変えて書き直してください。

上位概念の数にはとくにこだわることはないと言いましたが、括ったときのそれぞれのグループ内のタネの数があまりに多いようなら調整が必要です。その場合は、上位の概念として選んだ言葉が表す意味が広すぎると考えられるからです。逆にタネが少ないときは、上位の概念に関連して考えてみると不足している新たなタネに気づくかもしれません。そういう場合は、ここで再びタネ出しの作業をします。

括りの作業を行うときに重要なのは、タネのレベルを見分けることです。実際にやってみればわかりますが、仮説としてどんな構造をつくるかを考えながら行うとやりやすいでしょう。仮説を立てて、上位、中位、下位の構成を考えながらタネを括っていくのです。もちろん一度決めた括り方が絶対ということではないので、しっくりいかなければ別の仮説に基づいてやり直します。

さて、回転寿司チェーンの経営者になったつもりで出した要素を括ってみると、122〜123ページの括り図（図4—4）ができました。こうして見ると、ひねり出したタネの中にレベルが異なるものがたくさんあることがわかります。こういう場合は、括る段階で階層性

新メニュー

16 新メニュー
35 新メニューの開拓
36 新メニューの選択
37 新メニューの評価
38 市場実験
39 価格設定
42 従来の価格でできるか
43 値上げして大丈夫か
44 最後に落ち着く価格
51 先例(失敗例)
40 従業員の訓練

さらなる災難

46 予期せぬトラブル
45 食中毒
61 産地偽装騒ぎ

企業組織活動

52 経営会議
53 対策会議
54 PR
55 決意広告
56 社内への伝達

再開実現

57 マグロの仕入れ再開
58 再開の時期
59 ロビー活動
60 A国の政治家

再開後

94 再開を期待する心
88 単一メニュー
89 複数メニュー
87 寿司一本からの脱却

新しい市場

73 海外進出
71 中国市場
72 アメリカ市場
68 日本人の味
69 カレー・ラーメン
70 空手・柔道・芸者
74 活動拠点を変える

思い返した心構え

95 甘えを断つ
85 もって奇貨とす
86 変化を促す天の声か?

結論

100 やはりマグロ中心の寿司

図4—4　括り図

その場で起こった反省
98 想定不十分
99 一本化のツケ

直後に起こること
1 輸入できない
8 在庫量
9 販売停止までの期間
10 駆け込み需要
11 パニック
17 A国以外の海外産

政治的対応
2 A国の役所
3 A国の業者
4 A国の漁師
5 A国の加工会社
6 取引停止

その後に起こること
7 マグロの販売停止
96 売り上げの減少
97 4割減
18 店の閉鎖
19 20店→ 12店
20 営業時間短縮
21 アルバイトの大幅縮小
22 レイオフ
23 従業員の自宅待機
41 従業員の動揺

金勘定
24 赤字決算
25 銀行借り入れ

ライバル
47 ライバルとの競争
48 Aチェーン
49 Bチェーン
50 Cチェーン

企業活動の見直し
78 人時売上高
79 回転率アップ
81 終わりなき生産性向上
82 トヨタ
80 厨房の改造
91 出店位置の保存
92 賃貸契約の見直し
93 フランチャイジー

今後の活動の基本
83 マニュアルの意味
84 従業員の危機感

顧客
63 顧客の舌
62 真の味方
64 うまさの記憶
65 記憶の期限
66 うまい・安い
90 ブランド力

代替メニュー
12 代替メニュー
13 サーモン
14 ハマチ、ブリ
15 エビ
75 海鮮丼
76 ウニ丼
77 イクラ丼

代替メニューの実現
67 人気の比較
31 国産か輸入か
32 国産でまかなえるか
33 輸入品の品質
34 国産品の品質
28 工場内作業の変化
30 冷凍サーモンの解凍
29 サーモンの切り方
26 魚以外の食材
27 供給・配達方法

がわかるようにしておきます。たとえば、「直後に起こること」や「その後に起こること」という上位概念でまとめたものを見てください。「在庫量」「販売停止までの期間」「駆け込み需要」「パニック」というタネは「輸入できない」の下位の概念として扱い、「アルバイトの大幅縮小」「レイオフ」「従業員の自宅待機」「従業員の動揺」というタネは「営業時間短縮」の下位概念としてまとめています。

作業③ 括りから構造化へ

括り図ができたら、次はそれを「思考関連図」の形にまとめます。これは文字通り、それぞれの括り図の関連を見るためのものです。自分の考えを構造化するために作成します。時系列進行図にしても思考関連図にしても、その目的は頭の中で考えていることを目に見える形に整理することですので、やりやすいほうを優先するといいでしょう。

思考関連図づくりでは、まずA2判くらいの大きな紙を用意します。次に括り図をコピーします（コピーは原寸大だとやりにくいので、七〇パーセント程度に縮小します）。それから括ったグループごとにサインペンで丸く囲んではさみで切り抜きます。それらをさきほど用意した大きな紙の上に置きながら、グループ同士の関連を見ていきます。その際には、最上位の概念を中心に据えて、グループをそのまわりに放射状に配置してください。

この作業をうまく行うポイントは、最上位の概念からタネに至る概念の階層性を意識することです。仮に最上位の概念と括ったグループの間に中位の概念が抜けていることに気づいたら、その中位の概念が意味する言葉を別の色の付箋に書いて追加してください。抜けているタネや概念に気づいた場合も、やはりそのレベル用に異なる色の付箋に書いて補います。

思考展開法には唯一の解というものはありません。どんな形になろうと、それはそれで一つの正解です。しかし違和感があるようなら、しっくりいく形になるまで何度でもやり直します。そのほうがいい考えにできるからです。ちなみに概念同士を結ぶ線は一本が基本です。二本以上にすると構造が複雑になり、配置を変更したときに混乱することになります。できるだけ単純な形にまとめるようにします。

じつは思考関連図は、中心を囲んでいる概念が漠然とした課題群になっています。それを取り囲んでいる概念は、さらにそれを細かく見たときの課題群になります。

この段階まで作業を進めると、考えが整理されてさまざまなことが明らかになります。解決すべき課題が明らかになり、そのためにいま何をなすべきかの検討がスムーズにできるのです。これが思考展開法を利用して考えを整理することの大きなメリットの一つです。

図4—4の括り図を思考関連図にまとめたのが、126〜127ページの**図4—5**です。最上位の概念は、「海外でのトラブルに関連して経営者の頭に浮かんだ事柄」にしました。

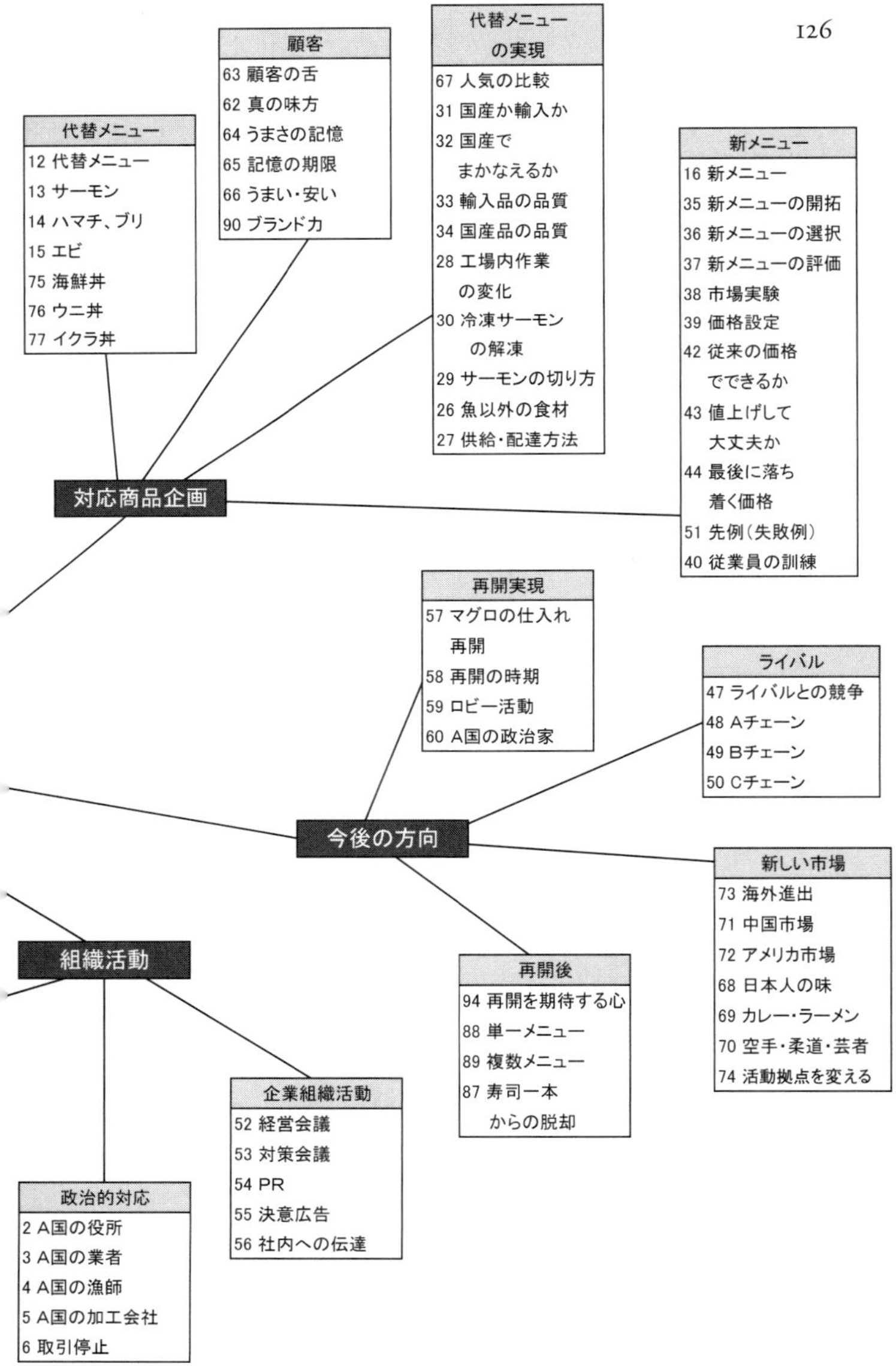

代替メニュー
12 代替メニュー
13 サーモン
14 ハマチ、ブリ
15 エビ
75 海鮮丼
76 ウニ丼
77 イクラ丼
顧客
63 顧客の舌
62 真の味方
64 うまさの記憶
65 記憶の期限
66 うまい・安い
90 ブランド力
代替メニューの実現
67 人気の比較
31 国産か輸入か
32 国産でまかなえるか
33 輸入品の品質
34 国産品の品質
28 工場内作業の変化
30 冷凍サーモンの解凍
29 サーモンの切り方
26 魚以外の食材
27 供給・配達方法
新メニュー
16 新メニュー
35 新メニューの開拓
36 新メニューの選択
37 新メニューの評価
38 市場実験
39 価格設定
42 従来の価格でできるか
43 値上げして大丈夫か
44 最後に落ち着く価格
51 先例（失敗例）
40 従業員の訓練
対応商品企画
再開実現
57 マグロの仕入れ再開
58 再開の時期
59 ロビー活動
60 A国の政治家
ライバル
47 ライバルとの競争
48 Aチェーン
49 Bチェーン
50 Cチェーン
今後の方向
新しい市場
73 海外進出
71 中国市場
72 アメリカ市場
68 日本人の味
69 カレー・ラーメン
70 空手・柔道・芸者
74 活動拠点を変える
組織活動
再開後
94 再開を期待する心
88 単一メニュー
89 複数メニュー
87 寿司一本からの脱却
企業組織活動
52 経営会議
53 対策会議
54 PR
55 決意広告
56 社内への伝達
政治的対応
2 A国の役所
3 A国の業者
4 A国の漁師
5 A国の加工会社
6 取引停止

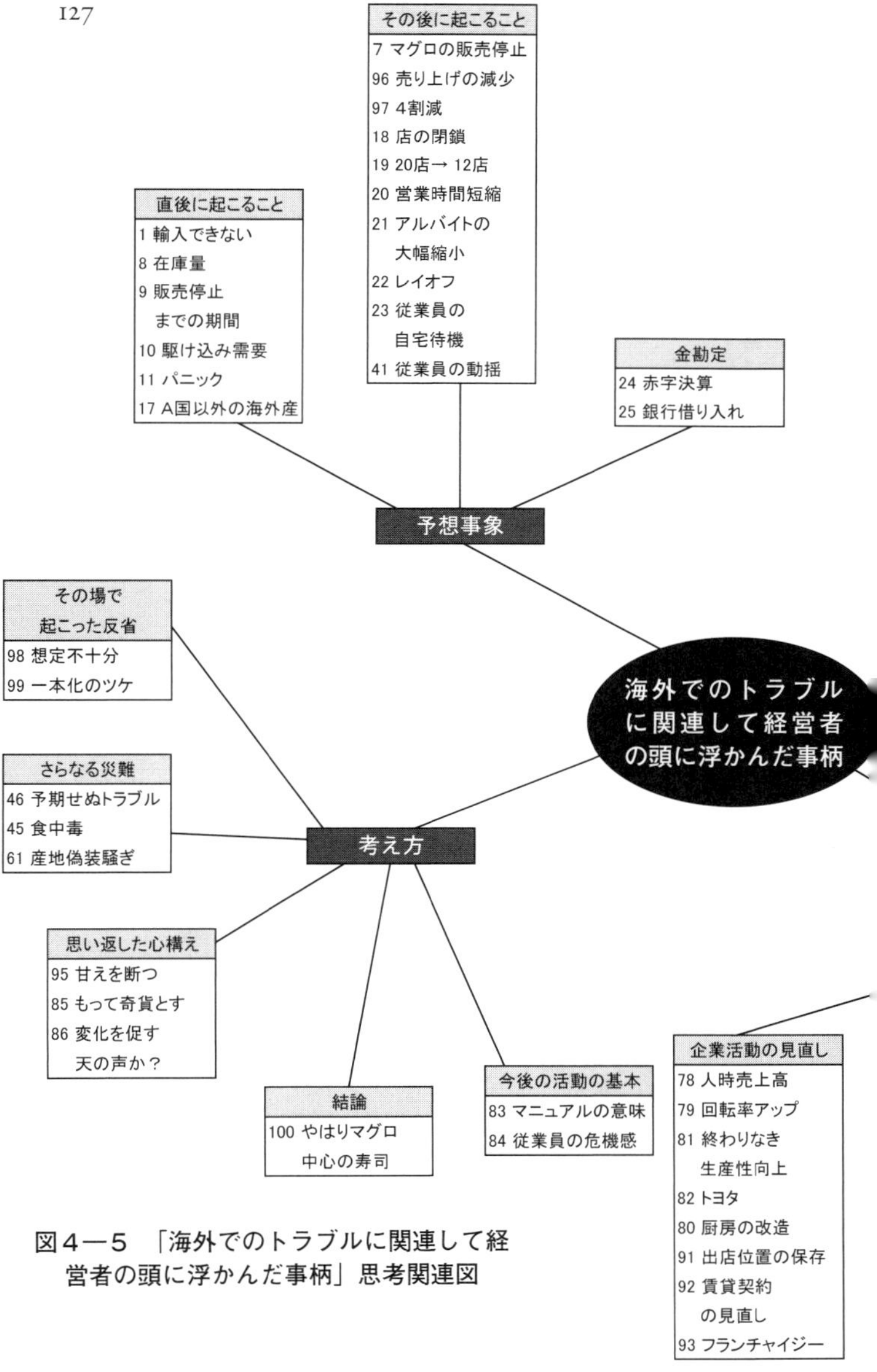
その後に起こること
7 マグロの販売停止
96 売り上げの減少
97 4割減
18 店の閉鎖
19 20店→ 12店
20 営業時間短縮
21 アルバイトの大幅縮小
22 レイオフ
23 従業員の自宅待機
41 従業員の動揺
直後に起こること
1 輸入できない
8 在庫量
9 販売停止までの期間
10 駆け込み需要
11 パニック
17 A国以外の海外産
金勘定
24 赤字決算
25 銀行借り入れ
予想事象
その場で起こった反省
98 想定不十分
99 一本化のツケ
海外でのトラブルに関連して経営者の頭に浮かんだ事柄
さらなる災難
46 予期せぬトラブル
45 食中毒
61 産地偽装騒ぎ
考え方
思い返した心構え
95 甘えを断つ
85 もって奇貨とす
86 変化を促す天の声か？
結論
100 やはりマグロ中心の寿司
今後の活動の基本
83 マニュアルの意味
84 従業員の危機感
企業活動の見直し
78 人時売上高
79 回転率アップ
81 終わりなき生産性向上
82 トヨタ
80 厨房の改造
91 出店位置の保存
92 賃貸契約の見直し
93 フランチャイジー

図4—5 「海外でのトラブルに関連して経営者の頭に浮かんだ事柄」思考関連図

それに続く中位の概念は、「予想事象」「対応商品企画」「今後の方向」「組織活動」「考え方」です。これらにはタネ群やそれを括った概念が入っています。最初は漠としていた個々の概念の関連が目に見える形で整理されてきました。

思考関連図と一緒に作成することをおすすめするのが「時系列進行図」です。じつは、思考展開法では、時系列進行図づくりを必須にしていません。ですからこの作業を飛ばして次の段階に進んでもかまいませんが、最初はぜひ行うことをおすすめします。時系列進行図をつくると、考えや物事の進む過程がよくわかって頭の中が整理しやすくなるからです。

時系列進行図づくりでも、思考関連図と同じようにA2判くらいの大きな紙を用意して行うとスムーズにできます。作業に入る前に、タテ軸、ヨコ軸、対角線を引き、タテ軸の脇にステップ、ヨコ軸の脇に時間と記入しておきます。左上がスタート地点で、そこから右方向に引く線が時間の進行、下方向に引く線が物事の進行を表しています。ここに思考関連図と同じように、括ったグループごとに時間の進行と物事の進行を考えながら、置いていきます。

時系列進行図では、いちばん右下には「結果」や「結論」が来ます。そのためそれが好ましいことなら早く確実に結果や結論が出せるようにするための方法、好ましいものでなければ回避するための対策というふうに、潜んでいる課題の探索にも使うことができるのです。

時系列進行図の例は１３０〜１３１ページの図４―６の通りです。右下にある私が考えた結論は、「やはりマグロ中心の寿司」です。仮に海外でトラブルが起こるとチェーン全体が大きなマイナスの影響を受けます。しかしさまざまなことに考えを巡らせる中で、商売の中心であるマグロ寿司を今後もメインにする戦略が最善ということが確認できました。

作業④　課題抽出から思考展開図へ

タネ出しから括り、そして思考関連図づくりを行っているうちに、頭の中はどんどん整理されていきます。その途中で、いま向き合っているテーマに関する問題点がいくつも見えてきます。問題群が明らかになると自ずと克服すべき課題群も見えてきます。これらはそのテーマに関する考えをつくるときの肝《きも》になるものなので、気づいたときにすぐにメモをしておいてください。

頭の中にあるものを整理して、考えを企画や計画のようなものにまとめるには、この問題群と課題群が大いに役立ちます。考えをより深めて企画や計画の形にしたい場合は、思考関連図づくりが終わった段階で課題群を書き出して評価を行います。この評価は課題群の中から取り組むべき課題を選ぶために行うものです。

ここまでで考えをつくるための準備ができましたので、いよいよ最終段階の思考展開図づ

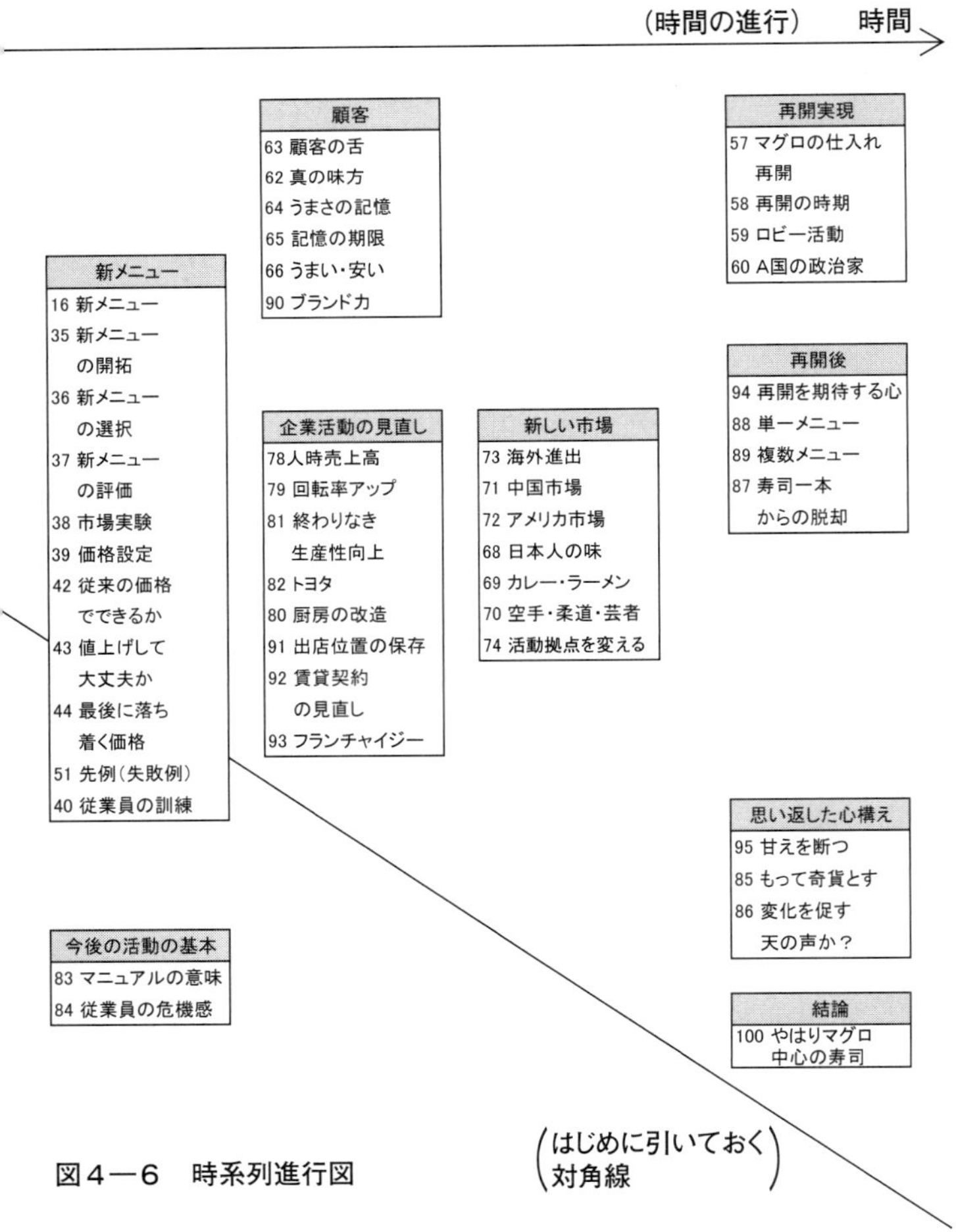
（時間の進行）　時間
新メニュー
16 新メニュー
35 新メニューの開拓
36 新メニューの選択
37 新メニューの評価
38 市場実験
39 価格設定
42 従来の価格でできるか
43 値上げして大丈夫か
44 最後に落ち着く価格
51 先例（失敗例）
40 従業員の訓練
顧客
63 顧客の舌
62 真の味方
64 うまさの記憶
65 記憶の期限
66 うまい・安い
90 ブランド力
企業活動の見直し
78人時売上高
79 回転率アップ
81 終わりなき生産性向上
82 トヨタ
80 厨房の改造
91 出店位置の保存
92 賃貸契約の見直し
93 フランチャイジー
新しい市場
73 海外進出
71 中国市場
72 アメリカ市場
68 日本人の味
69 カレー・ラーメン
70 空手・柔道・芸者
74 活動拠点を変える
再開実現
57 マグロの仕入れ再開
58 再開の時期
59 ロビー活動
60 A国の政治家
再開後
94 再開を期待する心
88 単一メニュー
89 複数メニュー
87 寿司一本からの脱却
思い返した心構え
95 甘えを断つ
85 もって奇貨とす
86 変化を促す天の声か？
結論
100 やはりマグロ中心の寿司
今後の活動の基本
83 マニュアルの意味
84 従業員の危機感
（はじめに引いておく対角線）

図４—６　時系列進行図

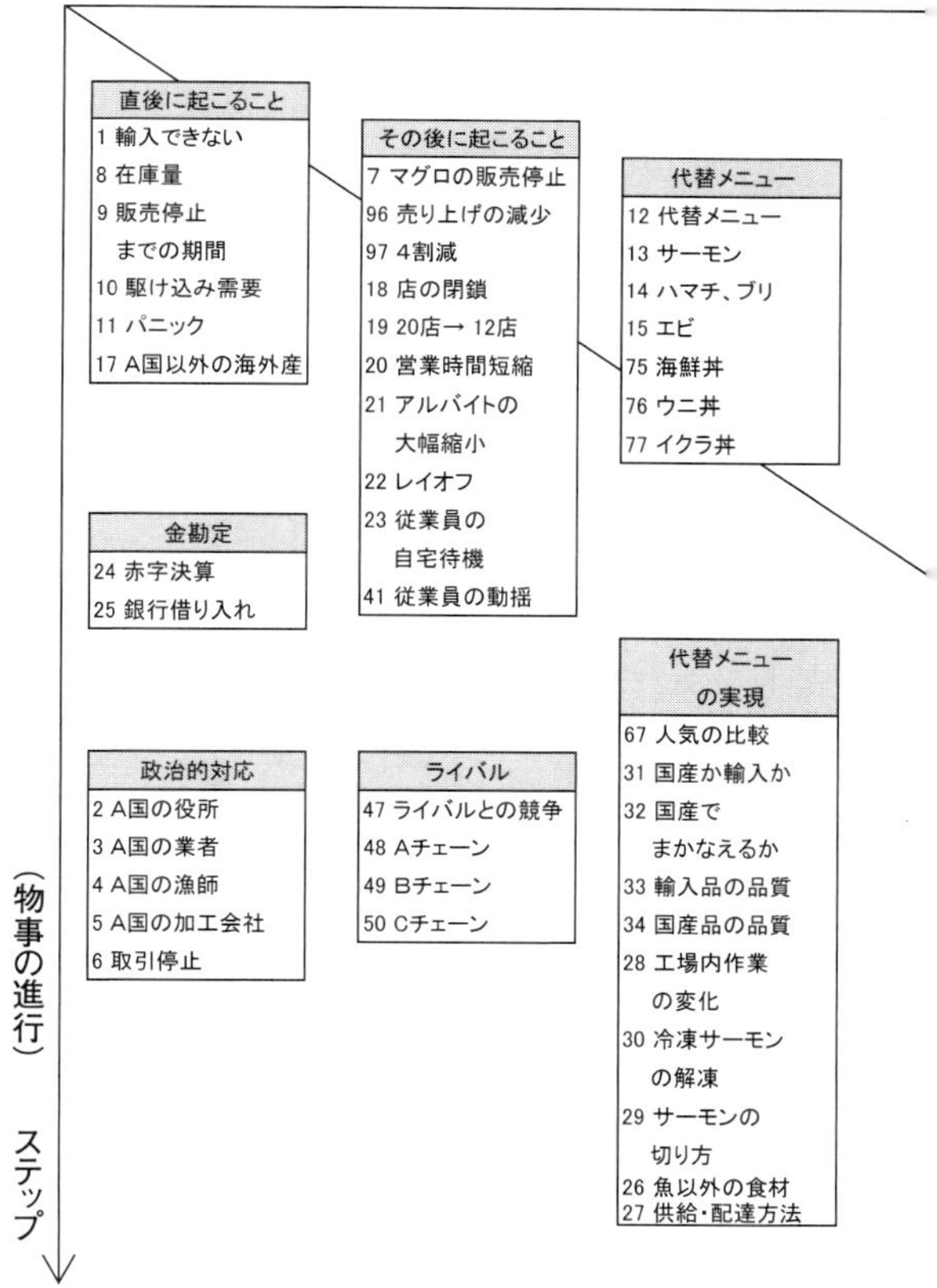
直後に起こること
1 輸入できない
8 在庫量
9 販売停止
までの期間
10 駆け込み需要
11 パニック
17 A国以外の海外産
その後に起こること
7 マグロの販売停止
96 売り上げの減少
97 4割減
18 店の閉鎖
19 20店→ 12店
20 営業時間短縮
21 アルバイトの
大幅縮小
22 レイオフ
23 従業員の
自宅待機
41 従業員の動揺
代替メニュー
12 代替メニュー
13 サーモン
14 ハマチ、ブリ
15 エビ
75 海鮮丼
76 ウニ丼
77 イクラ丼
金勘定
24 赤字決算
25 銀行借り入れ
代替メニュー
の実現
67 人気の比較
31 国産か輸入か
32 国産で
まかなえるか
33 輸入品の品質
34 国産品の品質
28 工場内作業
の変化
30 冷凍サーモン
の解凍
29 サーモンの
切り方
26 魚以外の食材
27 供給・配達方法
政治的対応
2 A国の役所
3 A国の業者
4 A国の漁師
5 A国の加工会社
6 取引停止
ライバル
47 ライバルとの競争
48 Aチェーン
49 Bチェーン
50 Cチェーン
(物事の進行)
ステップ

くりの段階に進みます。

課題が決まると、思考展開図を使ってそれを解決するための方法を導き出すことができます。材料はこれまで整理した考えで、それに足りないものを補えば十分です。作業としては、設定した課題を分析・分解して課題要素にまで落とし込んで、それぞれの課題要素を解決する手段を導き出すようにして行います（図4—7）。

思考展開図の形にまとめるときには、実際の解決方法をいくつも思い浮かぶことがありますが、それらの中から制約条件などを考慮して最適と思えるものを選びます（図4—8）。選ばれなかった他の解決方法は、思考展開図に書かれませんが、この過程をメモしておくと、選んだ方法で解決できない場合にすぐに別の方法を考えやすくなります。

あとは決定した解決方法を展開して具体策とし、さらにすべてを総合して全体の計画にします。思考関連図までつくっているとかなり整理されているので、用意した材料を思考展開図に落とし込むだけで作業はかなり進みます。もちろんそれだけでは足りないときは、足りないものを新たにつくって補わなければなりません。そのあたりは臨機応変に行います。

先の例では、思考関連図や時系列進行図をつくる中で見えてきた課題は、回転寿司チェーンにとって大切な原材料であるマグロの「仕入れの問題に正しく対応する」ということでした。そこでその課題をあげて、思考展開図に必要な要素を置いていくと、その解決策が自然

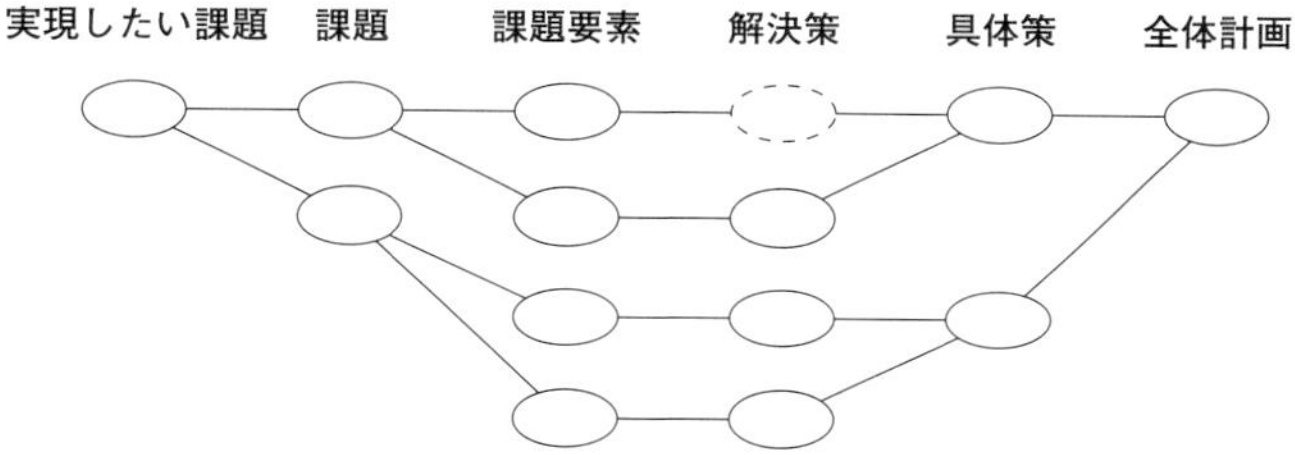

図4—7　思考展開図の基本構成

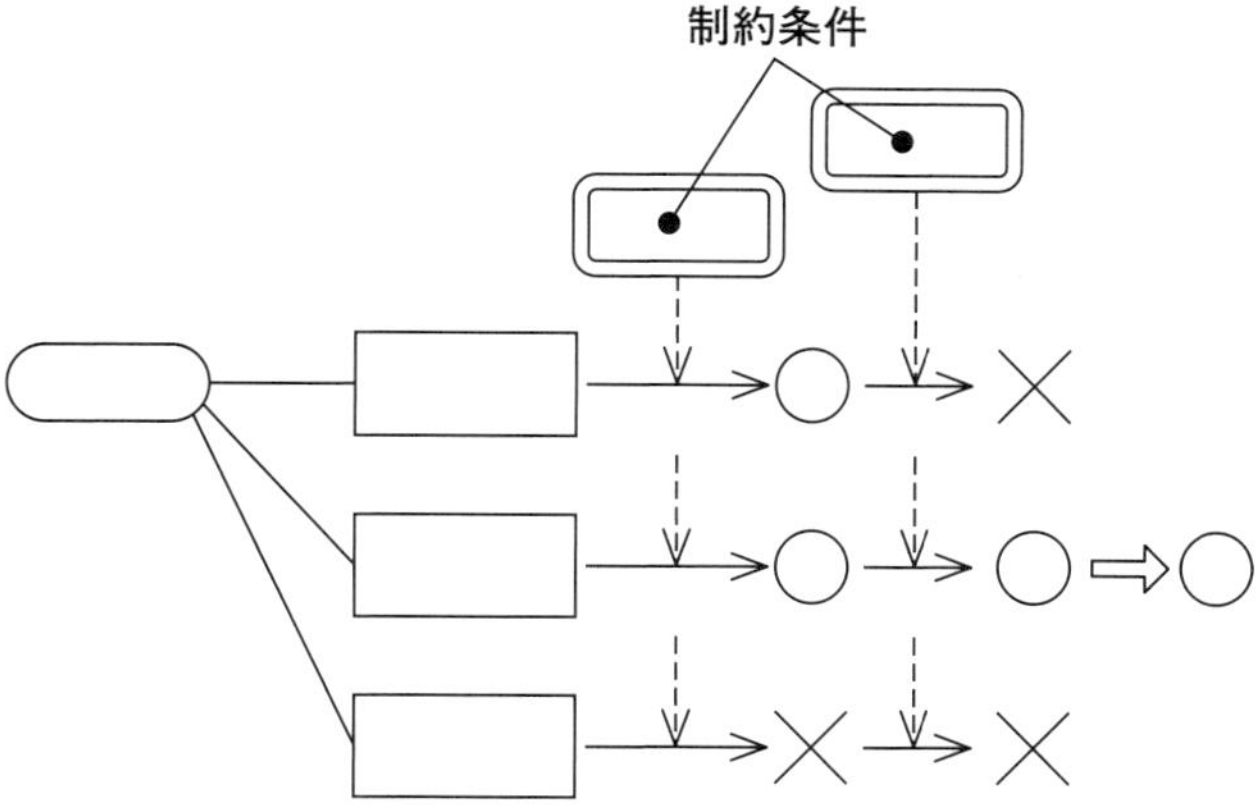

図4—8　制約条件を考慮して選択する

に導かれます。

思考展開図は最も左側が「実現したい課題」、そして最も右側はそのための「全体計画」という位置づけになっています。間には左から「課題」、それを分析・分解した「課題要素」、それらの課題要素を解決し、実現する手段としての「解決方法」、それらをまとめた「具体策」が入ります。ここで解決方法として入れているのは、前述のようにいくつもあるものから選択・決定したものです。思考展開図の最終形には、ふつうは選ばれた解決方法以外書きませんが、136～137ページの図4―9では採用されなかった解決方法も×で明記しています。

この例では実現したい課題を「マグロの仕入れの問題に正しく対応する」として、その全体計画を「新しい寿司チェーンをつくる総合企画」としています。これだけだと漠然としていますが、思考展開法で考えが整理されて中身は明確かつ具体的になっています。

大きな課題を実現するための小さな課題が明確で、それらの課題を構成している要素も明らかです。そのため解決方法やそれを実現するための具体策の検討がスムーズにできるようになりました。ここでは「直後に起こることの予測」「その後に起こることの予測」「対応商品の開拓」「企業活動の継続」「顧客を確保する」「輸入再開への対応」「新しい市場の開拓」といったものを課題にして、それぞれの課題要素を明らかにして選択・決定した解決方法、具体策を示しています。

こうして完成した図４—９の思考展開図を見ると、最も左側の「実現したい課題」から最も右側の「全体計画」までの流れがきれいにできあがっています。しかし**実際の思考は、思考展開図の完成形のように左から右にきれいにつくれるものではありません。**途中の部分からつくることがあるし、ときには右から左にいったりということもあります。

その途中経過の一例を、１３８ページの図４—10に示しました。実現したい課題から解決したい課題を設定すると（①）、実際には頭の中にいきなり具体的な解決方法が浮かんでくる場合が多いのです（②）。とりわけ、ふだんからこの課題について深く考えている人に、その傾向が強いようです。次に具体的な解決方法から遡って、各解決方法の働きについて考え（③）、そこから要素に漏れがないか検討し、解決方法を再度見直します。

こうして思考展開図は完成しましたが、最初から完成形になっていることはまずありません。たいていは抜けがあるので、そこからさらに検討を加えてブラッシュアップを行うことになります（図４—11）。それにはつくり手の能力の有無は関係ありません。考えをつくる作業というのはもともとそういうものなのです。見直しをして考え落としが見つかったならば必要な考えを補っていかなければならないし、そのようにして、しっくりいく形、満足のいく形へと仕上げていくのです。

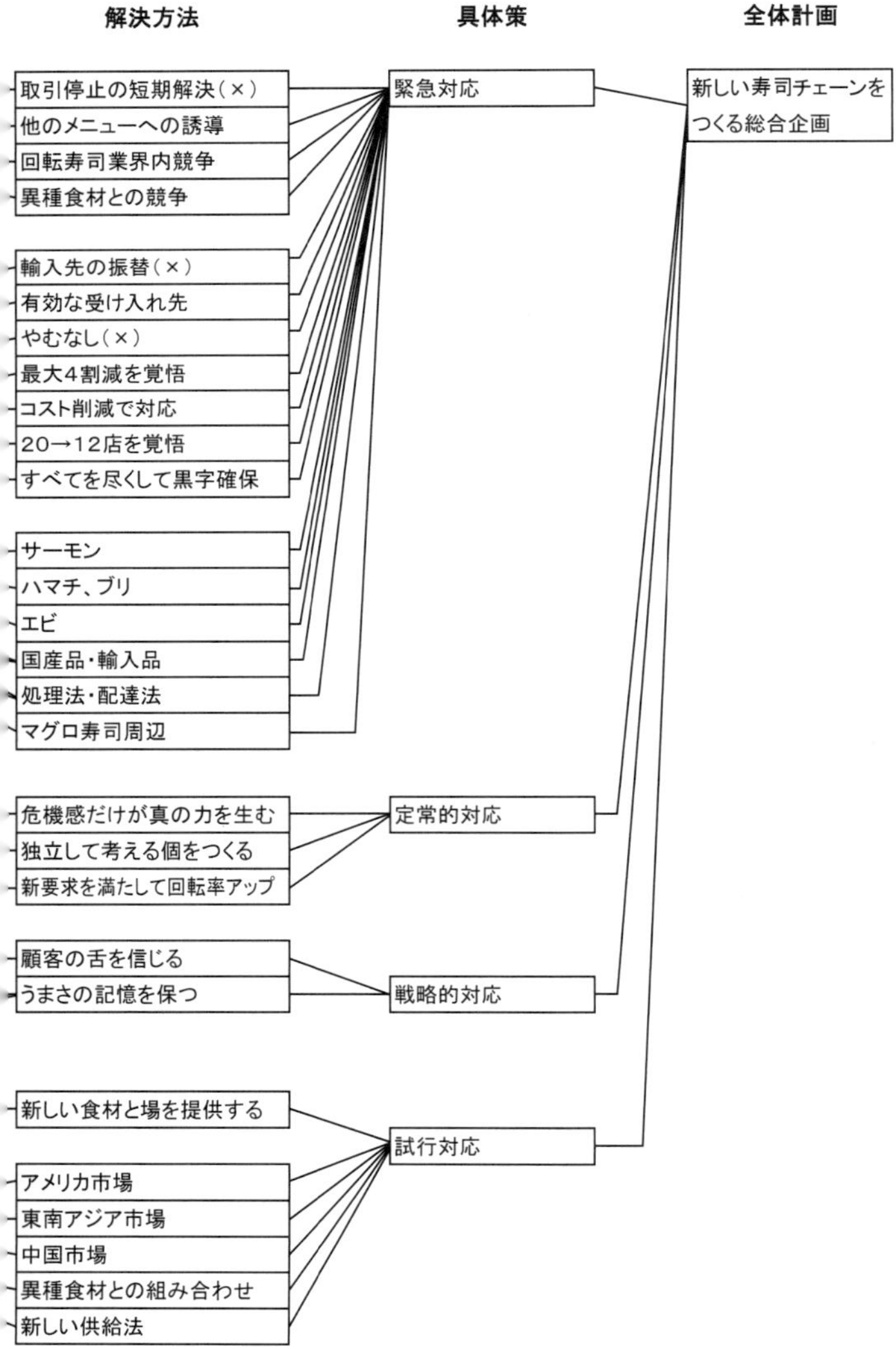

図4—9　「マグロの仕入れの問題に正しく対応する」思考展開図

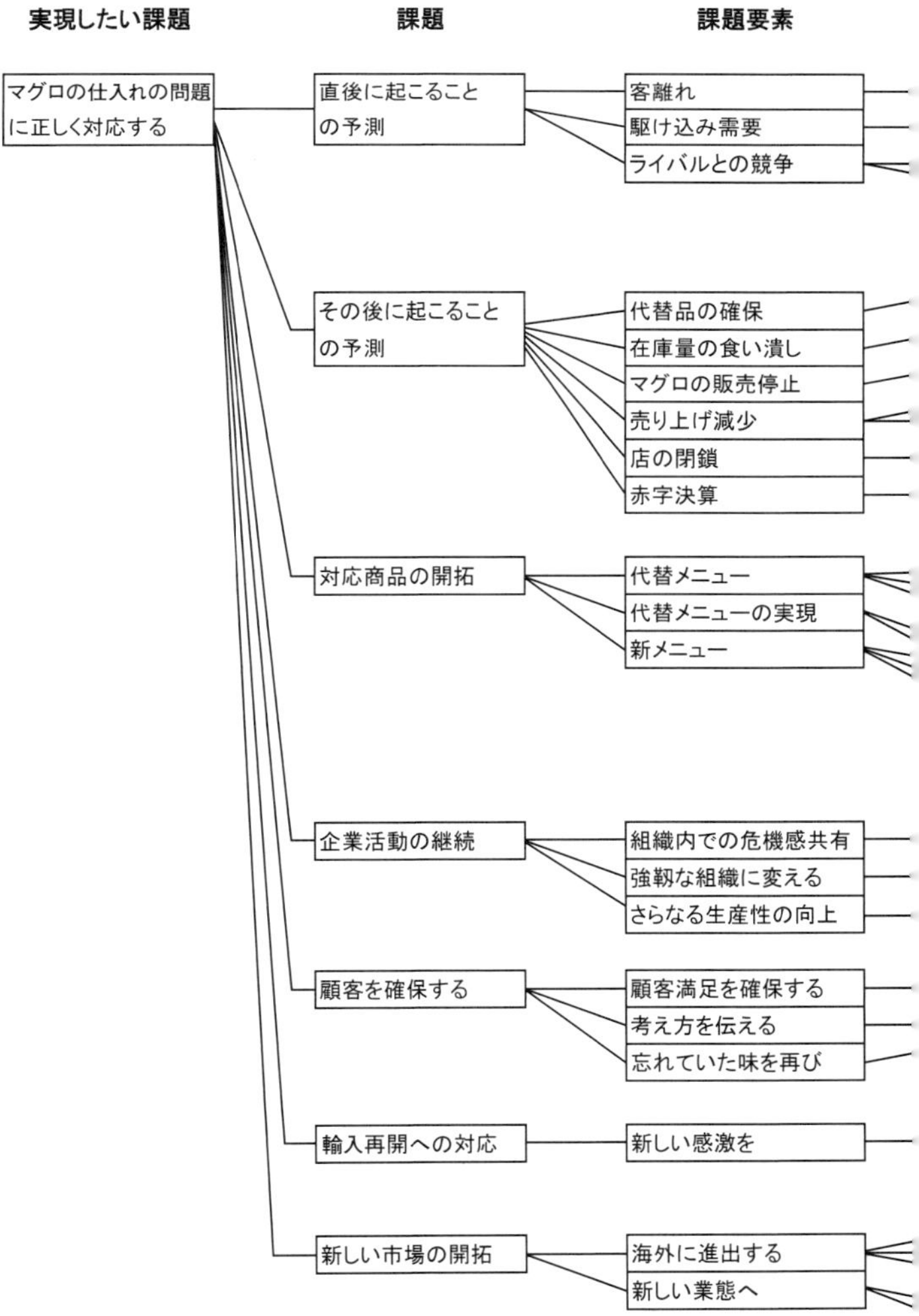

実現したい課題
課題
課題要素
マグロの仕入れの問題に正しく対応する
直後に起こることの予測
客離れ
駆け込み需要
ライバルとの競争
その後に起こることの予測
代替品の確保
在庫量の食い潰し
マグロの販売停止
売り上げ減少
店の閉鎖
赤字決算
対応商品の開拓
代替メニュー
代替メニューの実現
新メニュー
企業活動の継続
組織内での危機感共有
強靭な組織に変える
さらなる生産性の向上
顧客を確保する
顧客満足を確保する
考え方を伝える
忘れていた味を再び
輸入再開への対応
新しい感激を
新しい市場の開拓
海外に進出する
新しい業態へ

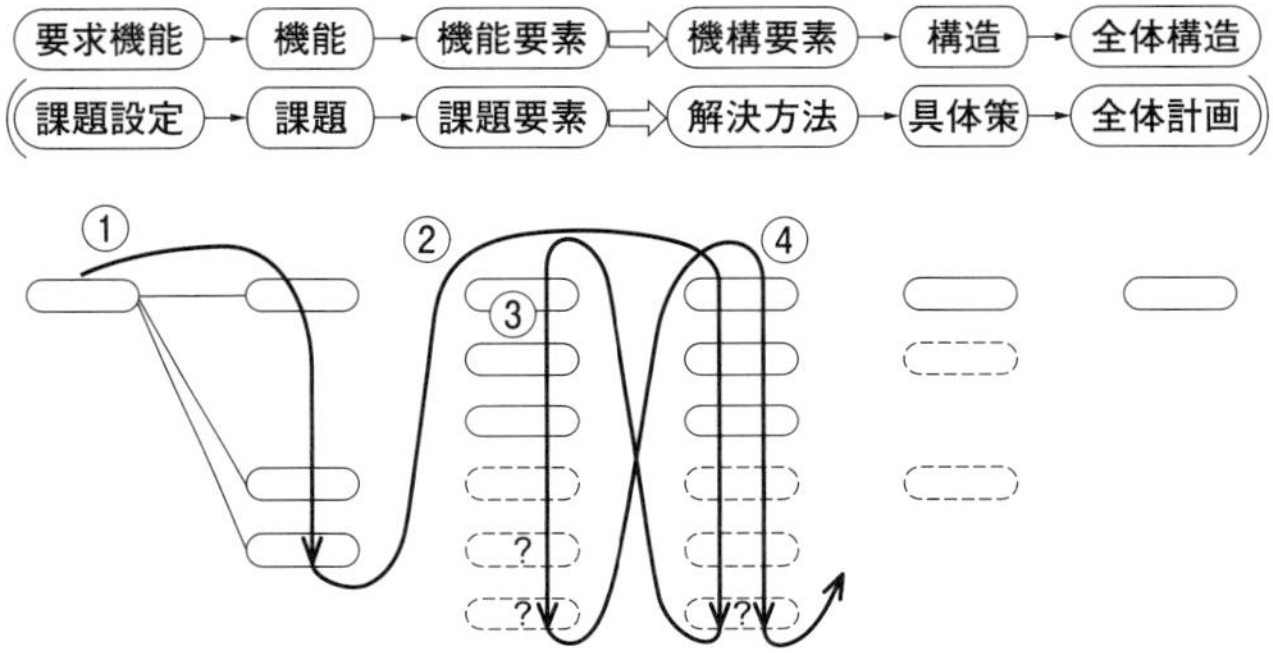

①解決すべき課題を定め、視点や切り口を考え、必要な働き(機能)を考える。
②すると、頭の中にはいきなり具体的な解決策が浮かんでくる。
③遡って各解決策の働き(機能要素)について考え、機能要素に漏れがないか考える。
④解決策を再度見直す。

図４―10　思考展開図を使った考え構築の途中経過の例①

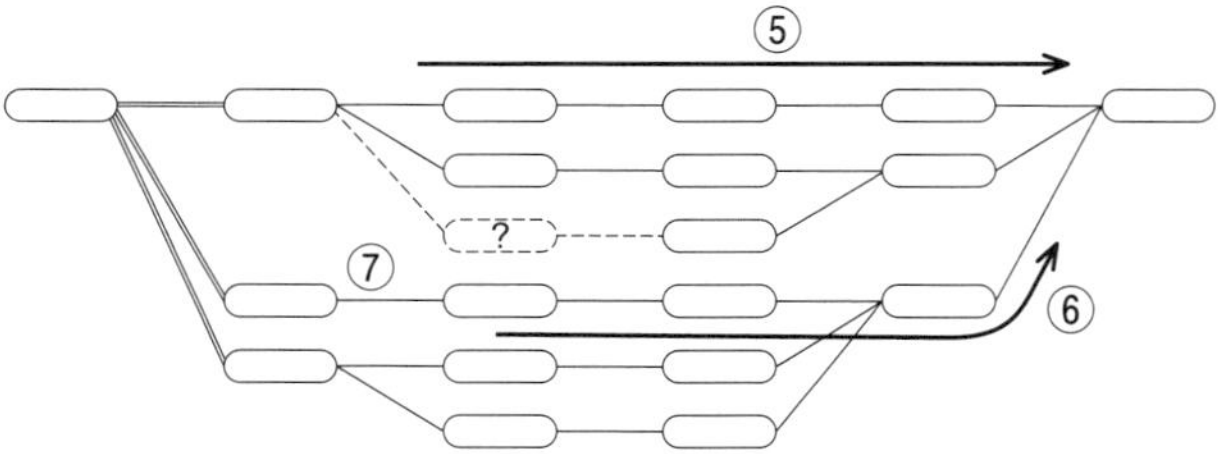

⑤“要求機能”から“全体構造”までを線で結んでみると、一連の考えが見えてくる。
⑥考えの抜け･不足に気づく。
⑦“抜け･不足”の部分を考えることで、全体に漏れや抜けがなくなる。

図４―11　思考展開図を使った考え構築の途中経過の例②

逆走対策を思考展開図で考える

思考展開図づくりの例をもう一つ紹介しておきます。高速道路での逆走の問題を考えてみたものです。

高速道路では年間約二〇〇件、つまり二日に一回の割合で逆走が起こっています。事故になるのはそのうちの二割の四〇件で、そのうちの半分がインターチェンジやジャンクションなどで起こっています。逆走を起こした運転者の七割は六五歳以上の高齢者で、そのうちの一割は認知症の疑いがあるそうです。

このテーマはもともと、私が企業向けに行っている畑村塾で採用したものです。ある企業で複数のテーマから五、六人のグループに分かれた塾生たちに好きなものを選択させてタネ出しから思考展開図づくりまでを実際に行わせたところ、多くのグループがこの高速道路での逆走の問題に強い関心を寄せていました。それを私なりにあらためて考えて、思考展開図の形にまとめてみたのです。

じつは今回、私は最初のタネ出しから思考関連図づくりまでを行ったわけではありません。すでに多くの塾生が高速道路での逆走の問題を検討していたので、それらを丁寧に見直すことにしてこれらの作業を省いたのです。そして「逆走の被害を最小にする」というのを

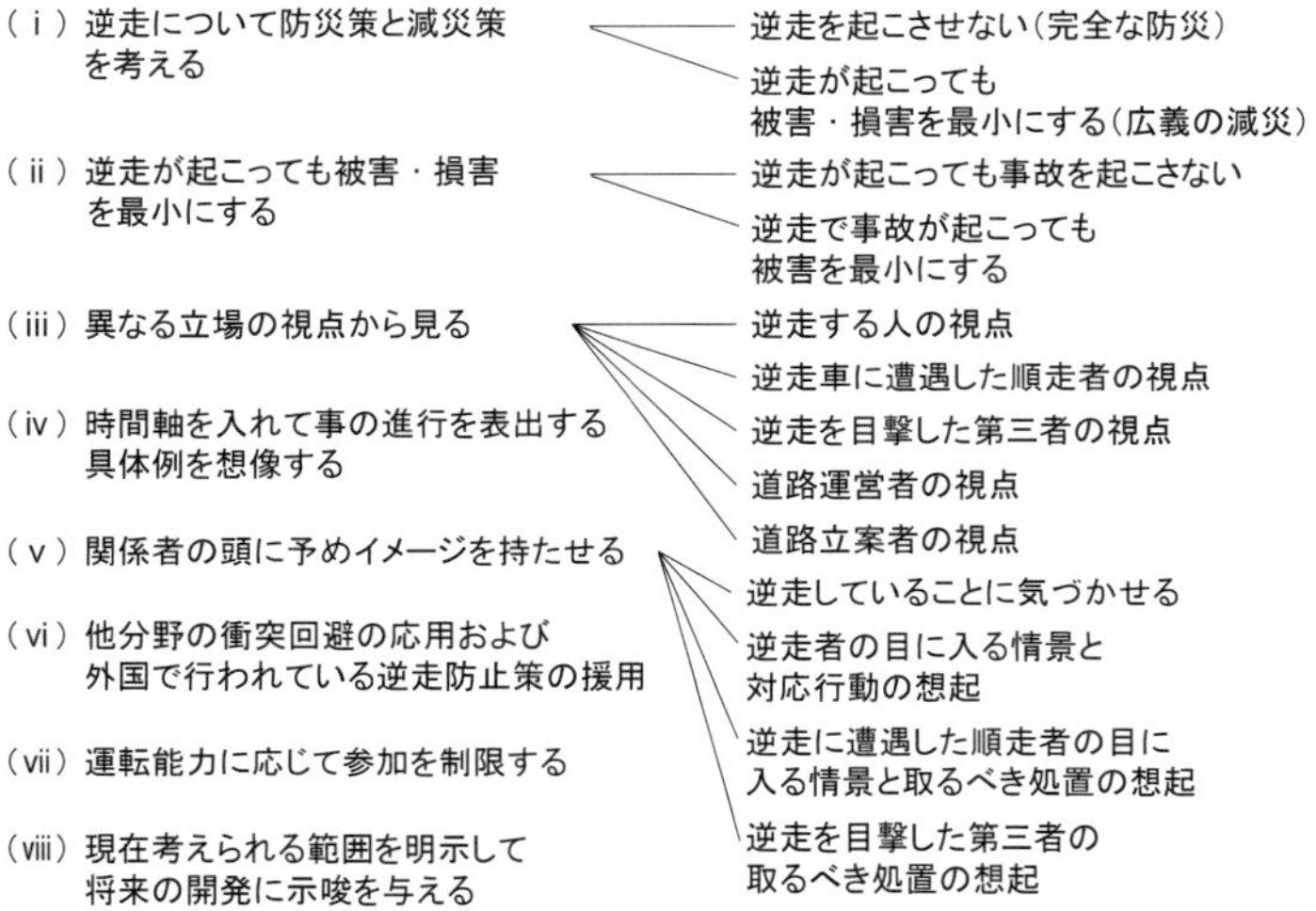
（ⅰ）逆走について防災策と減災策を考える
（ⅱ）逆走が起こっても被害・損害を最小にする
（ⅲ）異なる立場の視点から見る
（ⅳ）時間軸を入れて事の進行を表出する具体例を想像する
（ⅴ）関係者の頭に予めイメージを持たせる
（ⅵ）他分野の衝突回避の応用および外国で行われている逆走防止策の援用
（ⅶ）運転能力に応じて参加を制限する
（ⅷ）現在考えられる範囲を明示して将来の開発に示唆を与える
逆走を起こさせない（完全な防災）
逆走が起こっても被害・損害を最小にする（広義の減災）
逆走が起こっても事故を起こさない
逆走で事故が起こっても被害を最小にする
逆走する人の視点
逆走車に遭遇した順走者の視点
逆走を目撃した第三者の視点
道路運営者の視点
道路立案者の視点
逆走していることに気づかせる
逆走者の目に入る情景と対応行動の想起
逆走に遭遇した順走者の目に入る情景と取るべき処置の想起
逆走を目撃した第三者の取るべき処置の想起

図４―12　高速道路での逆走を考えるのに必要な視点

課題として選んで、思考展開図の形にまとめる作業に集中しました。その際の重要なポイントが、図４―12に示した「高速道路での逆走を考えるのに必要な視点」です。

逆走事故の対策というと、多くの人は「逆走事故多発点に標識や表示などを工夫して設置すればいい」とか「高齢者が事故を起こしやすいのであれば運転禁止にすればいい」というふうに安易に考えがちです。これは逆走させないことだけを考えているからです。過去の例を見てもわかるように、どんなに工夫や努力をしても事故は起こります。ここで大切なのは、逆走はあり得ると考えて、逆走が起こったとしても事故や人の死に至らないように収束させることです。つまり「防災」と同時に、「減災」の視点を持つ必要があります。

そうした視点でこの問題をあらためて考えてみると、逆走の全体像をつかみながら、全体のシステムとして対策を考えることが重要だということがわかります。こういうものは本来、逆走中の運転者の心理状態や、それが行動にどのように反映されるのかなどを調査・分析しないと、正確に把握することはできません。わざわざ逆走しようと考える人はまずいません。逆走している人はたいてい自分が正しいと信じて運転しています。そういう人に逆走を自覚させる働きかけが必要です。一方で、逆走車が向かう先には順走車があります。逆走車を見て驚いた順走車の運転者は、事故を避けるために、車線変更などのとっさの行動をすると考えられます。こういうさまざまな立場の視点から問題を見て、対策を考える必要があります。その際には、時間軸を入れてことの進行の具体例を想像すると、効果的な対策を考えやすくなります。

それから大切な視点として、海外や他分野に学ぶというのがあります。すでに効果的な対策が取られている例や、他分野で行われていることに注目して、応用や援用を検討してみるのです。いまはまだ未完成の技術でも、有効性があれば取り入れることを検討します。もちろん、高齢化などで運転能力が著しく落ちた人の、運転制限のような社会システムを再検討する必要もあります。

144～145ページの思考展開図（図4―13）にはこうした視点がすべて入っています。しかし最初からこれらの視点をすべて意識していたわけではありません。思考展開図をつくる中で考えがどんどん整理されて、この問題を考えるときに重要になる視点もまた整理されていったというのが正確なところです。

作業を行うときに私が強く意識していたのは、「逆走を起こさせない」という防災と、「逆走が起こっても被害・損害を最小にする」という減災の視点です。そこからすぐに実現したい大まかな事柄を思い浮かべて、実現手段である具体的方法の検討に入りました。これらもすでに塾生たちが多くのアイデアを出していたので、それを丁寧に見直しながら深く検討してみたのです。思考展開図の順番とは違いますが、実際の人の思考というのはこのようなものので、それを表出して目に見えるようにすることで考えの抜けを見つけたり、全体を整理できるのがまさしく思考展開図を使うことのメリットなのです。

そして具体的方法について見直してみたときには、一つひとつの機能要素、すなわち期待している働きについて考えてみました。どのような働きが実現できるものなのかをあらためて考えてみたのです。これを行ったところ、上位概念である防災や減災のために実現すべき働きが目に見える形できれいに整理されていきました。同時に、必要だけど具体的方法がまだ思い浮かんでいないものも明らかになりました。逆走車がいることを順走車の運転者に知らせる方法です。また車自体に逆走防止機能を持たせるという一つの課題に対してもまだ具体的な答えが見つかっていないので、これらの部分はいずれも思考展開図上では「？」としています。これらは今後さらに検討していかなければならない部分です。

図4—13の思考展開図は、点線で大きく上下に分けています。点線より上は防災と減災についての検討ですが、下にはもっと根本的かつ長期的な考え方をまとめました。逆走への迷いを運転者に生じさせないように道路の構造を変えたり、前述のように車自体に逆走防止機能を持たせるといった対策が後者になります。また運転免許制度を変えて、逆走可能性運転者を排除するというのもあります。これらは社会システムの変更や、新たなインフラ整備や技術開発などを必要とするので、すぐに実現することはできませんが、時間はかかるものの根本的解決に導く期待が高いものなので別枠でまとめています。

じつは高速道路の逆走に関しては、高速道路会社や国土交通省が二〇一五年に逆走多発地点や逆走事故多発地点で対策を実施したところ、著しい効果が上がっています。つまり対策を行うことが確実に逆走の減少につながっているので、長期的かつ根本的な視点での対策を考えることは必要なのです。

以上が高速道路での逆走について、思考展開法を使って考えたことです。私はこれまで、

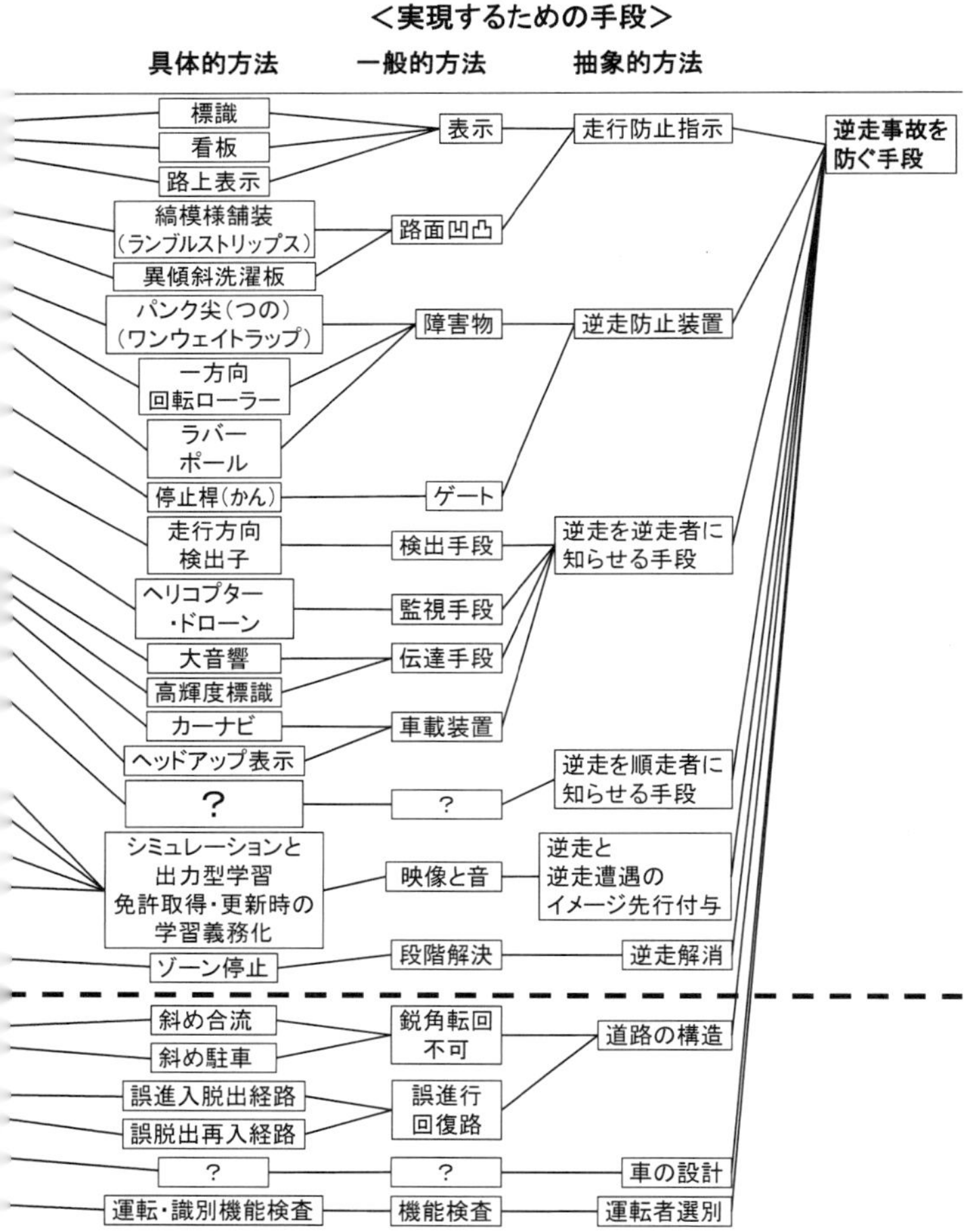

<実現するための手段>
具体的方法
一般的方法
抽象的方法
標識
看板
路上表示
縞模様舗装
(ランブルストリップス)
異傾斜洗濯板
パンク尖(つの)
(ワンウェイトラップ)
一方向
回転ローラー
ラバー
ポール
停止桿(かん)
走行方向
検出子
ヘリコプター
・ドローン
大音響
高輝度標識
カーナビ
ヘッドアップ表示
?
シミュレーションと
出力型学習
免許取得・更新時の
学習義務化
ゾーン停止
斜め合流
斜め駐車
誤進入脱出経路
誤脱出再入経路
?
運転・識別機能検査
表示
路面凹凸
障害物
ゲート
検出手段
監視手段
伝達手段
車載装置
?
映像と音
段階解決
鋭角転回
不可
誤進行
回復路
?
機能検査
走行防止指示
逆走防止装置
逆走を逆走者に
知らせる手段
逆走を順走者に
知らせる手段
逆走と
逆走遭遇の
イメージ先行付与
逆走解消
道路の構造
車の設計
運転者選別
逆走事故を
防ぐ手段

図4—13　高速道路での逆走事故を防ぐための思考展開図

＜実現したい事柄＞

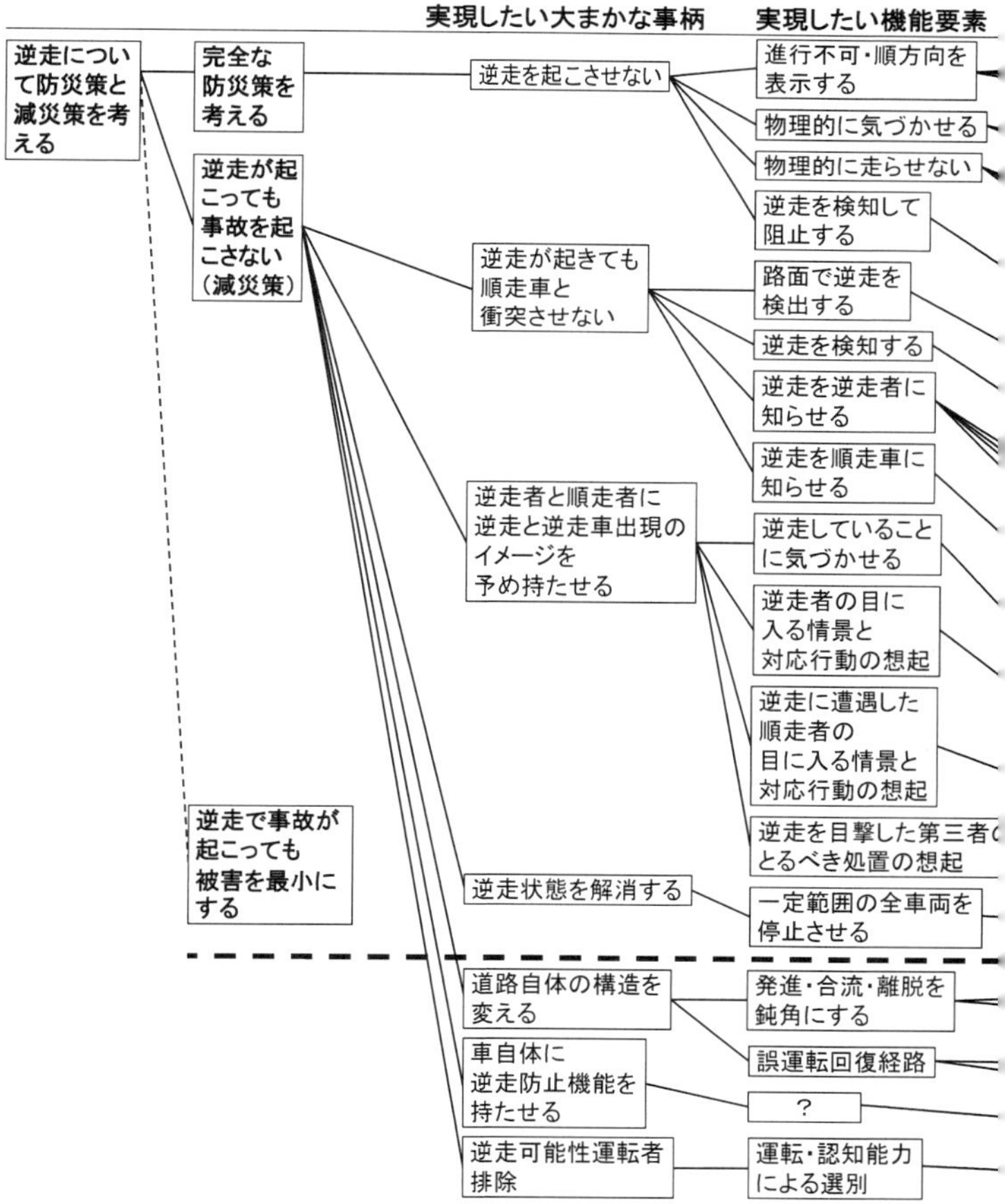
実現したい大まかな事柄
実現したい機能要素
逆走について防災策と減災策を考える
完全な防災策を考える
逆走が起こっても事故を起こさない（減災策）
逆走で事故が起こっても被害を最小にする
逆走を起こさせない
逆走が起きても順走車と衝突させない
逆走者と順走者に逆走と逆走車出現のイメージを予め持たせる
逆走状態を解消する
道路自体の構造を変える
車自体に逆走防止機能を持たせる
逆走可能性運転者排除
進行不可・順方向を表示する
物理的に気づかせる
物理的に走らせない
逆走を検知して阻止する
路面で逆走を検出する
逆走を検知する
逆走を逆走者に知らせる
逆走を順走車に知らせる
逆走していることに気づかせる
逆走者の目に入る情景と対応行動の想起
逆走に遭遇した順走者の目に入る情景と対応行動の想起
逆走を目撃した第三者
とるべき処置の想起
一定範囲の全車両を停止させる
発進・合流・離脱を鈍角にする
誤運転回復経路
？
運転・認知能力による選別

この問題に関して深く検討したことはありませんでしたが、思考展開図を実際につくる中で考えが整理されて、この問題を考える上で必要になる大事な視点を整理することができました。

思考展開図のよいところ

思考展開図はあるテーマに関する考えを整理して示したものです。高速道路の逆走について考えた先ほどの例もそうでしたが、そこで述べたように、実際の思考は思考展開図の左から右へ向かって順序立ててきれいに働くことはありません。たとえば大きな課題より先に小さな課題が浮かんだり、課題の前にそれを解決するための具体的な手段が思い浮かぶこともあります。これはおかしなことではなく、人の思考というのはもともとそういうものなのです。

だから考えをつくるのに思考展開図を利用する場合も、左から右への順序を意識する必要はありません。極端なことを言うと、思いついたことを思いついた順番で考えればいいのです。そのようにして表出したものを思考展開図に当てはめてみると、おそらく最初は構造がしっくりいかなかったり、抜けているところだらけになるでしょう。それはそれでいいのです。

もともと思考展開図は、考えをつくるときの支援手段の一つとして使うようになったものです。自分の考えを思考展開図にまとめてみると、頭の中が整理されて全体像を見渡しながら考えをつくる作業に取り組むことができます。その際に構造化がうまくいかないことがあったとしたら、それはまだ考えがまとまっていないということです。抜けがたくさん見られるのは、考えが及んでいない部分がたくさんあるということです。

そういうことは漠然と考えているだけではなかなか気づきません。頭の中のものを表出して整理するからわかることなのです。思考展開図を使う意味もそこにあります。頭の中にあるものを表に出して、目に見える形にすることでチェックが可能になるのです。ですから最初に不完全なものしかできなくてもまったく気にすることはありません。

また思考展開図のよいところは、考えの修正作業を自分一人で行うことができる点です。人間は天邪鬼《あまのじゃく》な生き物なので、人からあれこれ言われると反発したり、だれかに押しつけられたことはあえて使わなかったり、ということがあります。人から指摘を受けるのが嫌なら、自分自身で気づくしかありません。そうしたことが可能なのが思考展開図なので、考えをつくるためのツールとしてぜひとも活用してください。

ここで説明した思考展開法は、考えをつくる過程の「見える化」になっていることに注目してほしいと思います。

一般的には、人間の頭の中の動きは直接目に見ることはできないと考えられています。しかし思考展開法では、それを見ることができるのです。目に見えないところで行われていた活動が、目に見える世界に引きずり出されるのです。

人間は目に見えない脳の働きで考えをつくります。しかし思考展開法を使うと、頭の中の目に見えない世界の動きが、目に見える形で表れてくるのです。

つまり**思考展開法は、「考えをつくる過程の見える化」**だったのです。

第5章　「考える力」を高める

考える作業は「仮説立証」の繰り返し

この章ではどのようにすれば考える力を向上させることができるかについて、考えてみることにします。

前章の簡単なおさらいをしておきますが、思考展開法を使って考えをつくるプロセスは、タネ出しから括り図、思考関連図、課題決定、思考展開です。この作業によって形がつくれれば、一応は完成ということになります。

しかしおそらく実際にはまだまだ不完全な状態で精度が低いものであるはずです。その精度を高めるには、まず頭の中で「仮説立証」を繰り返すことです。

頭の中で、制約条件が変わったらどうなるか、三つの選択肢があったらどの方法を取るのがいちばんよいのか、といったことを、いろいろと当てはめながら、繰り返します。

この作業をうまく行うポイントは、こだわりを捨てることです。**あるアイデアが気に入ってそれを使うことに固執してしまうと、使える選択肢がかぎられてしまいます。**いくら気に入ったアイデアでも、それを使ってもうまくいきそうにないなら思い切って捨てて別のアイデアを選択します。そのようにしないと、いつまでも同じところでうろうろしているだけで、前に進めなくなってしまいかねないのです。

初心者によくありがちなのは、たくさん出したアイデアを欲張って全部入れようとすることです。なんとかしっくりいく形になったところに、あれもこれも足したがります。私の経験から言うと、足し算よりも引き算をしたほうがうまくいくことが多いようです。最初にできたものは無理やムダがあることが多いので、そういうものを削ぎながら研ぎ澄ましていくのです。

これもよくありがちなのが、はじめにつくりあげたプロトタイプにこだわるパターンです。こういう気持ちも、よい考えをつくる上ではマイナスに働くことが多いのです。最初にできたものには愛着がわきますが、それ以上によいものがあるかもしれません。よりよい考えに辿り着くためには、苦労してつくった形にこだわらず、むしろそれを批判の対象にして徹底的につくり直すくらいの気持ちでいることが大切です。

論理よりも「エイヤ！」

思考展開法の一連の作業は、論理を使えば効率よくできるように思われるかもしれません。しかし実際にやってみるとわかりますが、論理的に考えてもなかなかうまくいきません。**最も有効なのは、当てずっぽうでいいからとにかく、決めること**です。決めないことには前に進めません。これを私は「エイヤ！」と呼んでいます。

それでしっくりいけばいいし、しっくりいかなければやり直します。前述のように、頭の中でシミュレーションをしながら仮説立証を繰り返すのです。そのとき状況を見ながら、別の括り方をしてみたり、考えが足りない部分に気がついて足りないタネを足すということが必要になります。考えをつくる作業は、まさしくこの繰り返しで、とにかくやってみて、ダメなら戻ってやり直すしかないのです。

それはあたかも迷路の中を地図も持たずにうろうろと動き回っているようで、なんだかものすごく効率が悪くて乱暴なことをやっているように思われるかもしれません。ですが不思議なもので、こうして仮説立証を繰り返していると、そのうちにうまくいきそうな道がなんとなく見えてくるようになるのです。これはおそらくジタバタやっているうちに、頭の中に考えをつくる思考回路ができてくるからだと思います。こうなったらしめたもので、それほど時間をかけずに完成形に近づけることができます。

ところで、論理で考えをつくることはできませんが、考えをつくるのに論理はまったく必要ないのかというとそうではありません。論理が必要となるのは、全体の構造をつくって以降のことになります。つくった考えを実際に検証するときに論理が登場するのです。

できのいい考えは、結果として論理もしっかりしたものになっています。論理的に説明できると、他の人にも伝えやすいし、相手も受け取りやすいものです。つまり論理は、考えをつくるためのものではなく、つくられた考えに後づけでついてくるものなのです。これはつまり、自分がつくった考えがちゃんとしているかどうかは、他の人に説明できるものかどうかで判断できるということです。

論理で考えをつくることはできませんが、つくられた考えは論理的に説明できなければ、それはまだ不完全な状態です。これが考えをつくることにおける論理の位置づけです。

他人を使ってブラッシュアップ

思考展開法では、考えのタネになるものを使ってある構造をつくることを一つの目標にしています。しかしその目標を達成したからといってそれで終わりではありません。

たとえば製品開発の世界では、市場に製品が出るまでに、徹底してブラッシュアップを行います。求めている機能を実現することができたらそれで終わりということではありません。新しいものを生み出すのは素晴らしいことですが、そのようにしてつくられたものは最初はまだ完成度が低く、無理やムダが多いものです。そこには製造の手間やコストなど多くの問題が潜んでいるので、ちゃんとした売り物にするためにはさらにブラッシュアップをしなければならないのです。

考えもまったく同じです。最初から完成品になっていることはありません。だからよりよいものにするためには「仮説立証」を繰り返しブラッシュアップをしなくてはいけません。一度できあがったものを見直しながら、より完成度を高めていくのです。

とはいえ、一人で頭の中で行うには限界があります。前章では、考えの修正作業が一人でできることが思考展開法のよさだと述べましたが、一方では一人の限界もあるのです。迷ったときの決断がなかなかできないのです。また前述のように、自分のつくった考えには愛着があるので、一人だけでこの作業を行っているときにはどうしても評価が甘くなってしまいます。さらに知識の限界で考えの抜けに気づかない場合もあります。そのため、むしろ他人に自分の考えを検討してもらうほうがうまくいくことが多いようです。

製品開発では、つくりあげたものを実際に使ってみて(試用)、さらによいものにしていくやり方を取ることがありますが、考えのブラッシュアップも多方面から検討することで、さらにレベルの高いものにできるのです。

人は、他人ないし他人のつくったものを評価するときには厳しくなります。中には悪口しか言わない人もいますが、それはそれで正しく評価されていれば傾聴に値します。こういう他人の厳しい視点をブラッシュアップに利用するのです。

私自身、自分がつくった考えを批判されるのが好きなわけではありません。正直に言えば嫌です。しかしそういう試練を受けてブラッシュアップした考えのほうが、確実に完成度の高いものになるという経験をいままで何度もしているので、自分がつくった考えは、世に出す前にできるだけ多くの身近な人に評価してもらうように心がけています。

もともと外に出すことを前提に考えをつくっているので、身近な人から徹底的に批判されるのはむしろありがたいことなのです。これをやると多くの問題点がそこであぶりだされ、解決策も見つかります。批判を嫌ってそのまま出せば、結局のところ世の中から徹底的に批判されるだけなので、身近な人たちにどんな悪口を言われようとこの方法をやり続けるようにしているのです。

思考展開図をつくる意味

近年は組織の成長や繁栄を維持するためのイノベーションの実現が大きな課題になっています。国立研究開発法人科学技術振興機構（ＪＳＴ）が二〇一五年から始めた「プログラムマネージャー育成・活躍推進プログラム」のように、国をあげてイノベーションの促進をしようとする取り組みもなされています。このプログラムは、研修生を一般公募して、企業や研究機関でイノベーションを進めるプログラムマネージャーを育成するというものです。私は講師として、この本で紹介している思考展開法を使った教育を行っています。

参加している研修生は企業や研究機関、大学で実際に働いている人たちで、彼らはそれぞれの組織で取り組むべき目標や課題を持っています。研修の中では、自分たちが持っている目標や課題を思考展開法を使って深く検討してもらいました。すると取り組むべき課題の形がより具体的になったり、目標の実現のためにどのような考えが自分に不足しているか、あるいはどのように進めれば目標を実現することができるかが明確になったという人がたくさんいました。

同じような声は、私が企業向けに行っている前述の「畑村塾」の研修生たちからもよく聞かれるので、これがまさしく思考展開法を使うことの最大のメリットと言っていいでしょう。畑村塾にも会社の幹部の人たちや主に開発や企画立案を担当している人たちが参加していますが、この研修を行っている企業からは、商品開発にかける時間が短くなった、グループの中での作業が効率よく進むようになった、といった声がよく聞かれます。

思考展開法は考えをつくる作業を効率よく行うものなので、商品開発のような新たな考えをつくる場面では大いに効果を発揮します。しかもグループ作業の効率化というのは研修を受けた企業にしても予期していない効果だったようで、たいへん喜ばれています。

企業の仕事は多くの場合、一つのプロジェクトにたくさんの人が関係します。しかしたくさんの人が一緒になって仕事をするときには、それぞれが担当するパートにしか目がいかないのがふつうです。こういう場合、それぞれのパートを担当している人が優秀できっちりと

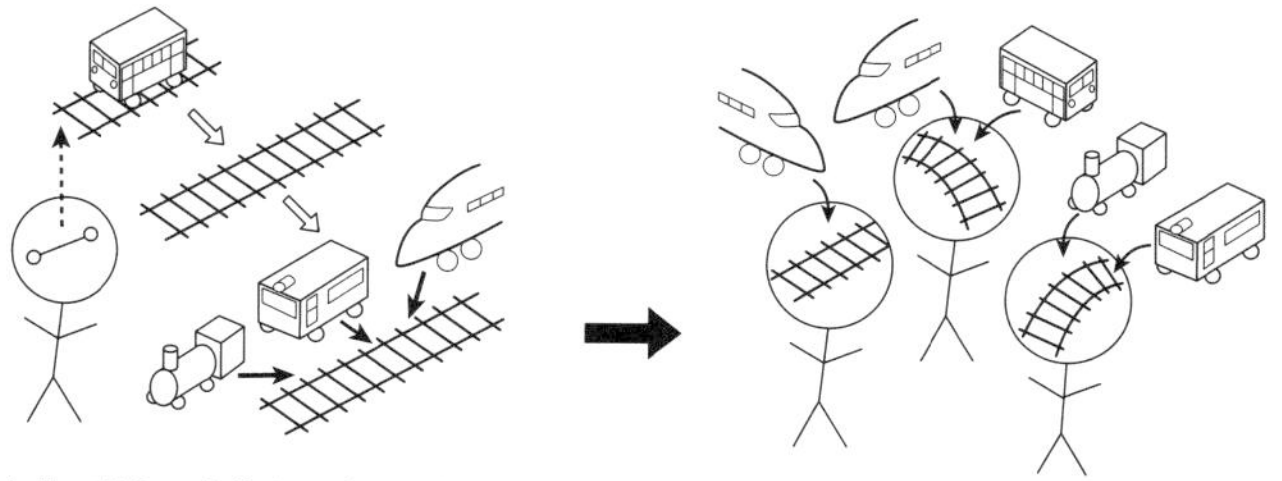

自分で考えて全体をつくり出すと、考えの線路（思考回路）ができる。一度線路ができあがると、どんな車両でも高速で走ることができる

それぞれの人の頭の中の線路に他の人が提供した車両が同時に走っている状態になる。これが本当の共有

図5―1　思考回路と考えの共有

した仕事をしても、全体で見ると必ずしも最適になっていないことが多く、あとから修正を余儀なくされることがよくあります。しかし思考展開法を学んだ人は全体を見る視点が養われます。全体の計画を意識して、その中での自分のパートの位置づけを考えて仕事に取り組むようになるので、それがグループ作業の効率化につながっているのでしょう。

グループ作業の効率化には、もう一つ「**考えの共有**」という大きな理由があります。ここでのポイントは、複数の人が思考展開法という同じ道具を使って、考えをつくることに挑戦している点です。こうすると、それぞれの人の頭の中に、考えをつくる同じような思考回路がつくられます（図5―1）。

思考回路を列車の線路にたとえると、一度線路がつくられると、次に別の列車（別の考え）を走らせやすくなります。考えるときのスピードが速くなるのです。さらに大きいのは他の人の列車、つまり同じ方法でつくられた他の人のアイデアを持ってきてもスムーズに線路上を走らせることができるのです。とくにグループを組んで同じテーマで考えをつくることに挑戦した人たちの間では強烈なことが起こります。共同作業によってよいものが驚くほど速く正確につくれるようになるのです。

正確に言うと、同じテーマで思考展開法による考えづくりに挑戦しても、それぞれの人の頭に敷かれる線路はまったく違うものです。それでいてお互いが相手の出したアイデアをうまく使えるのは、同じ経験を通じて考えの共通部分ができているからです。この共通部分を媒介として、それぞれが自分の考えと共通していない相手の他の領域にアプローチしながら、それを自分の考えのように使うことができるのです。この領域は当然、共同作業を行っている人の数が増えれば増えるほど広がっていきます。

しかしここで条件が一つあります。それはまず**最初の段階では、それぞれの人が独立した状態で自分の頭でものを考える必要がある**ということです。つまりこの効果は、同じテーマを前にして、それぞれの人が自分の頭でジタバタと考えた結果もたらされるものなのです。

一〇〇回聞くより三回の実践

思考展開法をうまく使いこなすためには、とにかくやってみて、何度躓いてもくじけることなく前に進むしかありません。上達への道は、実際に使ってみることしかないのです。一〇〇回の説明を聞くことより、自分で三回試してみたほうが、はるかに早く身につけることができます。

おそらく最初にやってみるときは、予想していなかったくらいの多くの時間がかかります。畑村塾の塾生に訊いてみると、最初はだいたい一〇〇時間くらいかかるようです。彼らは業務として学んでいますが、それでもあまりのたいへんさに驚いて、こんなことを毎回繰り返していたら実際の業務に支障が出るから無理だと不安に思う人もいるようです。

しかしそれは杞憂《きゆう》です。最初に一〇〇時間くらい要したとしても、おそらく次に行うときには三〇時間程度でできるようになります。それでもまだたいへんですが、その次は一〇時間くらいでできるようになります。さらにその次は三時間というふうに、回を重ねるごとにだいたい三分の一くらいに短縮してできるようになります。

これは、**頭を使ってジタバタしたことで、自分の頭の中に思考回路ができる**からです。そしてこの思考回路は、回を重ねるごとにしっかりとしたものになっていきます。

先ほどの思考の線路の例で考えるとわかりやすいと思いますが、頭の中に一度思考回路ができると、違うテーマのことを考えるときにもその線路の上を走らせることができます。その繰り返しの中で思考回路がどんどんしっかりとしたものになっていくので、時間をかけずに物事の本質が見えるようになるし、そのものに関する考えを素早くつくることができるようになるのです。

二〇一六年は、囲碁の世界で人工知能（AI）が世界トップクラスの棋士に勝った年として後世にエポックメーキングな年として記憶されると思いますが、このAIの学習実験の映像を見たことのある人も多いのではないでしょうか。

たとえば「衝突しないように走れ」とAI搭載のミニカーに指令を与えてコースに出すと、最初はどのように走ればよいかわからなくて、よく衝突します。そこで人間がAIに対してやるのは、うまく走れればプラス評価、衝突したらマイナス評価をするということだけです。すると、しばらく繰り返していくうち、衝突もせずにスイスイとコースを走れるようになります。ジタバタしながらもAIが自ら学習して自らの中に思考回路をつくりあげたのです。一度うまく走れるようになると、次はコースの形を変えても、同じようにうまく走ることができます。もともとこうしたAIは人間の脳の研究から生まれました。逆に言うと、人間の学習も同じようにジタバタすることで思考回路を頭の中につくり出すことができるということです。

世の中には、瞬間的に本質を見抜いて素晴らしいアイデアをつくりあげることができる天才が稀《まれ》にいます。そういう人はおそらく、頭の中に対象を瞬時に理解して考えがつくれる思考回路ができているのだと思われます。

そして思考展開法を使って考えをつくることは、この思考回路づくりにつながるものなのです。

最初はたしかに躓くことばかりで多くの時間を必要とするかもしれません。しかしそのときジタバタしたことが、すべて思考回路づくりに役立っているのです。そのことを信じて、ぜひ前向きに取り組んでみてください。

アクティブ型思考回路

いままで説明してきたように、学習の方法には大きく分けて「アクティブ・ラーニング（能動的学習）」と「パッシブ学習（受動的学習）」の二通りの方法があります。前者は文字どおり自分自身が積極的に行動して、その中で知識を体得していく学習方法です。後者は自分自身で行動をせず、よそから知識をもらってくる学習のことをいいます。

この二つは学習の姿勢だけでなく頭の中の働きがまったく違います。アクティブ学習では、自分で理解して知識を獲得しなければならないので頭の中はフル回転しています。これに対してパッシブ学習のときの頭の中は比較的静かです。対象に興味があれば頭は働きますが、そうでないものを押しつけられたときには頭が働かないので、勉強をしても知識が身につかないことがあります。

従来の学校教育で主流だったパッシブ学習だと、パターン認識の力を磨くことができます。その場合、与えられる問題と答えが一対一対応をしています。そこではパターン認識によって素早く唯一解を導き出すことを学びます。そのための勉強は、疑問を追究し対象の本質を理解するよりも、より多くのパターンを覚えるための丸暗記で、考えることが求められるものでも「広く浅く」が基本になっています。そうしてできるのはマッチングを主体としたパッシブ型の思考回路です。

私は昔からこういう勉強がたいへん苦手でした。本質がわからないものは頭の中に入っていきにくいのです。私が好きだったのは、興味があることに没頭できる勉強です。たとえば数学に興味を持って、高校一年生のときに高校で教わる数学をすべて自力で勉強していました。そのため、自分では数学がよくできると思っていたのです。

しかしパターン認識の勉強をしていなかったこともあり、受験では大失敗しました。なまじ数学ができたのが仇《あだ》になって、自分では「勉強なんかしなくても東大くらいは軽く入学できる」と高《たか》を括っていたのです。その結果、現役のときの受験では見事に失敗しました。パターン認識型の勉強をしていなかったので、問題を解くのに時間がかかりすぎたのです。そこで、浪人時代には問題解決を自力でやり通す勉強に励みました。

私の勉強法は、受験勉強としては非常に効率の悪い方法でした。もっと要領よく勉強していたら、浪人することもなかったかもしれません。しかしそのことを後悔しているわけではありません。受験には失敗したものの、当時の勉強法はその後の人生に確実に役立っているからです。むしろあのときちゃんと勉強していてよかったと思っているくらいです。

繰り返しになりますが、社会に出ると、パターン認識の能力だけでは限界があることがわかってきます。社会に出てからぶつかる問題は、必ずしも正解が一つとはかぎらないことが多いからです。ときには何をすればいいかがよくわからず、だれも教えてくれないので自分自身で課題を見つけなければならないこともあります。そういうときに役立つのは、やはり自分で考えをつくれるアクティブ型の思考回路なのです。

思考展開法を使って対象のモデルを実際に表出してみると、自分の頭の中が整理されていろいろなことが視覚的に見えるようになります。たとえば対象について、自分がどの部分についてちゃんと意識して理解できているかがわかります。あるいは自分が理解していない部分、考えてもいなかった部分がわかります。こうした考えの抜けを補うことで、対象に対する理解をより深めることができるのです。

この作業を何度か繰り返していると、自分の思考のクセもわかるようになります。別の対象のモデルを思考展開法でつくり、抜けている部分を比較してみるのです。それらを見てみると、ちゃんとできているとか、あやふやな部分があるとか、抜けているのが同じ場所であることがよくあります。それが自分の思考のクセなのです。

そして日頃から対象を見るときにあやふやであったり抜けている部分を意識するようにすると、対象について理解するスピードが速くなります。これも思考展開法によってアクティブ型の思考回路をつくることのメリットです。頭の中にあるうちは自分でもよくわかりません。それをアウトプットすることでそれが明確になるだけでなく、自分自身の思考のこともよくわかるようになるのです。

アクティブ型の思考回路をつくることは、複数の人が集まってグループで考えをつくる作業でも大きな力を発揮します。複数の人が同時に行うことで、それぞれの頭の中を吐き出してつくりあげた考えを共有できるようになるからです。見える形になっていれば、もともとは人のアイデアであっても自分のもののように使うことができます。そのようにして互いの考えを補完し合う形で完成度の高い考えを素早くつくれるようになるのです。

頭に浮かんだことはすべて吐き出す

この章の最後に、思考展開法を使うときに気をつけたほうがいい点に触れておくことにします。

前述のように、思考展開法を使って考えをつくるときには、ベースとなる考えのタネが多ければ多いほどいいものになる可能性が高くなります。だからある事柄について最初に考えるときには、頭の中に浮かんだものをすべて吐き出して記述することをすすめています。この浮かんだものをすべて吐き出すという作業は、思いのほか難しいようです。

私たちがいままで学校で教わってきたのは、一つの問題に対する答えは一つという「常識」でした。そのような見方が根づいているせいか、最初に頭の中に浮かんだことを吐き出す段階で無意識のうちについ取捨選択をして、せっかく浮かんだタネを候補から落としてしまうことが多いのです。

これは非常にもったいないことです。思い浮かんだタネが考えている事柄に本当に関係あるかどうかは、あとからじっくりと検討して判断すればいいことです。最初の段階では、**どんなタネであろうと、思い浮かんだことに価値があります**。とくに制約を設けることなく、そのまま吐き出したほうがつくる考えの質は高まります。

畑村塾では、複数の受講者が集まってチームを組んで、テーマに関するタネ出しを行うことがあります。メンバーそれぞれで、考えてきたこと、経験してきたことが違うので、一人でやっているときよりも、多くの考えのタネが出ることが期待できます。しかし実際には、チームでタネ出しをするときのほうが、狭い考えになることがあります。それはみんなと同

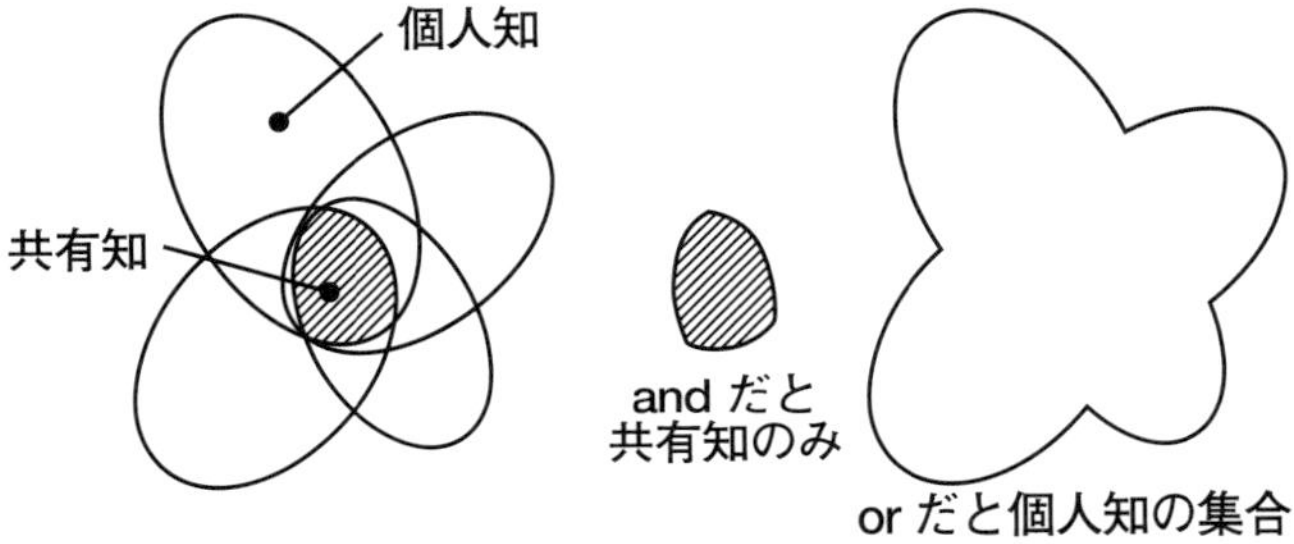

図５—２　「and」と「or」

じタネを出したがるからです。

これも、一つの問題の答えは一つとしている学校教育の弊害です。人と考えが違う＝不正解と思い込んでいる人がたくさんいるのです。そういうタイプの人が集まっているチームでは、共通してあげられているタネを重視して、たまたま一人しかあげていないタネを軽く扱う傾向が見られます。

みんな違う経験をしているのだから、それぞれが違うタネをあげるのは当たり前のことです。それによって考えの幅が広がるのがチームで考えることのよさです。そこで私は、まわりと同じでなく違っているからいいという話をして、**タネ出しは「ａｎｄ」でなく「ｏｒ」で行う**ように教えています（図５—２）。そのように教えると、塾生たちからはどんどん人と違うタネが出るようになり、結果として豊かなタネになることが実感できるようです。

考えの領域を「広く」「深く」

前章でも述べたように、最初のタネ出しは多ければ多いほどよいのですが、最初はこれがかなり難しいという人も多いようです。もともと知識をあまり持っていない人だと、思い浮かぶタネが少ないというのは当然かもしれませんが、知識を多く持っている人でも、自分が持っている知識とテーマを関連づけて考えることができず、少ないタネしか出せないことがよくあります。

そういうときには、二つおすすめしたい方法があります。一つは考える領域を意識して「広くすること」です。それからもう一つは考える領域を「深くすること」です。

領域を「広くすること」というのは、テーマからやや離れた周辺部分まで思い浮かべることを言います。こうすることで思い浮かぶタネの数を増やすのです。領域を広くすると直接関係のない、使えないタネばかりが増えるような気がするかもしれませんが、実際は違います。直接的に関係しているかどうかよくわからないタネでも、一度出してみると、それに触発されていろいろなタネが出てきます。そのときによりテーマに近いタネが次々と思い浮かぶことがよくあるのです。

もう一つの考える領域を「深くすること」は、逆にテーマの中心部分に迫って細かく見て

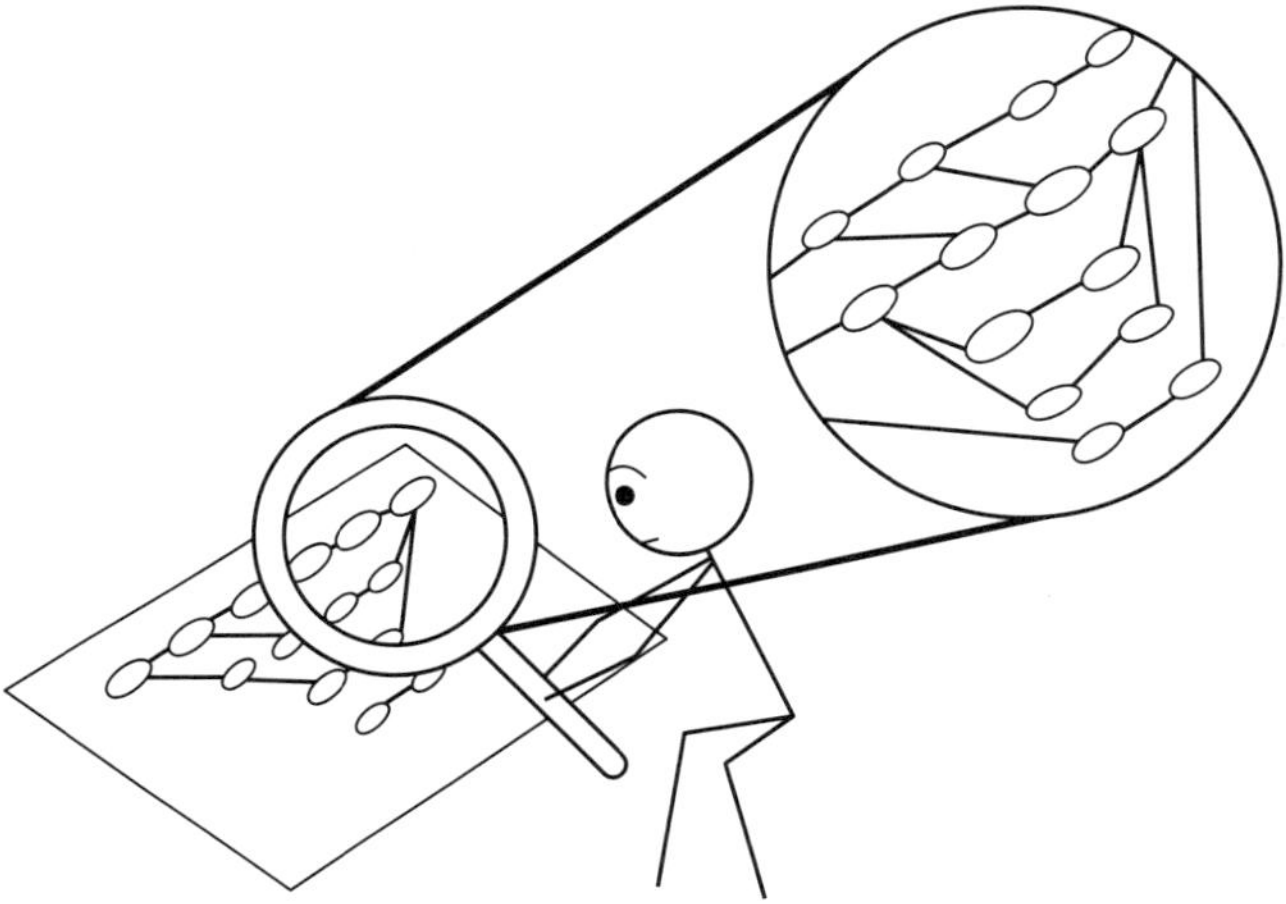

図５—３　思考展開図でさらに深く考える

いくことを言います。離れていてよく見えないものを見るときには、人はその対象に近づいて見ようとします。これと同じで、タネが思い浮かばなければそのテーマに近づいて掘り下げていくのです（図５—３）。

領域を広くするというのは、視野を広げるということです。ある決まった方向から見ているだけでは気づかないことでも、別の方向から見ると簡単に見つかることがあります。一方、領域を深くするというのは、対象により近づいて細かいところまで見ることを言います。ある部分にフォーカスして、それこそ虫眼鏡を使用したときのように子細に見るのです。

最初に思い浮かぶタネを増やすためには、このように見る角度を変えたり、テーマに近づきながら、頭を柔軟に働かせることが大切なのです。

五つのハンコで再確認

何度も見直してブラッシュアップしたほうが、よい考えになると言われても、そもそもどうやって見直しをすればいいのかわからないと感じる人がいます。そうした人は見直しに多くの時間をかけても、考えのレベルの向上があまり感じられません。これは見直しを行うときのポイントやコツを理解していないから起こります。思いつくままにさまざまな視点から見直しを行っているので、時間をかけているわりに質の向上が図られないように感じられるのです。

そこでここでも人の思考にパターンや傾向のようなものがあることを利用します。思考展開法による考えの抜けにもある種の法則性があります。ですからこの法則性を利用して見直し作業をスムーズに行うのです。そのようにしてつくられた考えは、すでに一定レベル以上のものになっているので、より多くの時間を高みを目指すために使うことができます。

全体を見直すときに私がすすめているのは、ある決まったハンコを使うことです。できあがった考えにハンコを押して、その視点で見直しを行うのです。このハンコに書かれているのは、「人」「モノ」「カネ」「時間」「気」という五つの言葉です。

この五つの言葉については第1章の視点の話の中でも触れていますが、もう一度簡単におさらいをしておきます。最初の「人」は、世の中の多くのことを動かしている人の影響です。「モノ」は考えを構成するものすべての関わりを見ることを言います。「カネ」はやはり一つの重要な尺度になっている金銭的な視点です。「時間」は、環境や制約条件が大きく変わることがある時間的な変化を見る視点です。そして最後の「気」は、強い影響を与えているその場の雰囲気や文化に注目することを言います。

これらは企画やアイデアを決断し実行する際の基本となるものです。多くの事柄は、必ずこの五つのことが検討されていたり、大きな影響を受けながらつくられています。だからこの五つの視点を使って自分がつくった考えの見直しを行うことは、それ自体が考えの抜けを正して質の向上につなげることになるのです。

思考展開法でつくる考えは、いまあげた五つのハンコを使うことで一定レベルにまで素早く高めていくことができます。じつはそこから先のさらなる高みに上がる作業も、意識して視点を変えていくことで早く進めることができます。

自分がつくった考えを見直すときに多くの人が行うのは、できあがった考えをあらためてじっくり見直すという方法です。全体を広く見たり、ある部分に絞って見直すことで、考えの抜けを探そうとします。あるいは見る角度を意識して変えながら見直しを行う人もいます。これらはすべて有効な方法です。

しかし見直しの方法はこれだけではありません。いまあげたのは対象をじっくり観察する方法といえますが、見直しの方法にはこれ以外に、「頭の中で対象を動かしてみる」という方法があります。その考えを頭の中の仮想空間で動かしながら見直すのです。これが「仮想演習」です。

このときのコツは、**実際のシーンを想像する**ことです。たとえば製品を開発する際は、それが世に出て実際にユーザーに使われている場面、自分が使っている場面を想像します。イベントの企画だったら、そのイベントの場面を想像し、自分がスタッフとして参加しているシーン、自分が客として参加しているシーンをイメージします。さらに条件を変えるとどうなるかをイメージしてみます。こうすると想像がより具体的になるので、考えの間違いや抜けに気づきやすくなるのです。

第6章　創造作業で多くの人が躓くこと

括ることはだれでもできる

私は畑村塾などを通じて、多くの人の実際の創造作業を見てきました。そうすると、思考展開法を利用して考えをつくる過程では、多くの人が躓く共通点があることに気づきました。あらかじめそのことを知っていると、考えをつくる作業がよりスムーズに行えるので、この章では多くの人がどんな部分で躓くのか、その共通点を紹介しましょう。

畑村塾では、ある時期までは塾生たちにテーマから考えるように指導していましたが、思考展開法をはじめて使う人たちが最初からそこまで行うのは難しいことがわかり、最初のテーマだけは私のほうで提示するようにしたのです。

テーマとは、言い換えると「考える範囲」のことです。これを決めないと思考が無制限に広がって、とりとめもなくなってしまいます。とは言っても、私が提示するテーマは、「一〇年後のこの会社の姿」といったかなり漠然としたものなので、考える領域はけっして狭くありません。それでもテーマがあるとないとではまったく違うようで、最初に考える範囲を決めてあげることで塾生たちは集中して考えることができるようになったようです。

私が与えるのはあくまで大きなテーマなので、もちろんそこにどんな問題があるとか、どんな解決すべき課題があるかは自分で探索しなければなりません。これをタネ出しから始まる思考展開法の一連の手法を使って実践するのです。そして問題群や課題群を自分の力で見つけ、さらにその中から自分で課題を選択してその解決法を導き出し、最終的には思考展開図の形にまとめて全体の構造をつくりあげます。これがさまざまな企業で行っている畑村塾における研修の中身です。

この思考展開法の一連のプロセスで最初に躓くのは、前述したように、タネ出しで数が出てこないことです。これはやはり、学校教育で「唯一の解」を導くことに慣れているからだと思われます。あるテーマから連想されるタネを、自由な発想でたくさん出すことが苦手な人が多いようです。こうした問題は、前章で紹介したように、領域を広くしたり、深く掘ったりしながらタネを増やすように説明すると、簡単にクリアできる人が多いようです。

次の表出したタネを括る作業は、ほとんどの塾生たちはスムーズに行っています。類似点を見つけてグループにまとめていくことは、それほど難しくはないようです。

しかしそこから先に、大きな落とし穴が待っています。上位の概念に上って、括ったものを思考関連図にまとめるときに躓く人がたくさんいるのです。

上位概念でまとめるのは難しい

表出したタネを括ったあと、関連図にして上位の概念でまとめていくときに多くの人が躓く理由も、じつはタネ出しのときとまったく同じです。学校教育を受けているときのクセで、上位の概念を探してまとめるときに、つい「決まった一つの正解があるもの」と思って探してしまうのです。

実際には正解は一つではないし、導き出すことができる答えはいくつもあります。にもかかわらず「一つの正解」にこだわって探してしまうので、そこから先に進めなくなってしまうのです。

ここをクリアするには、それまでとは考え方を大きく変えるしかありません。**正解は無数にあるので、自分が出した答えが正しいかどうかはしっくりいくかどうかで判断すればいいのです。**しっくりいけばそのままでいいし、なんとなく違和感があったら別のことを試します。そのようにして収まりがいい状態を探すのです。

おそらく一度しっくり収まっても、見直しを行ってタネが増えたり、制約条件を変えたりすると、なんとなくもやもやした状態に戻ることもあります。そのときは以前の状態に固執するのではなく、再び収まりのいい状態を探すしかありません。

「しっくり」などというあいまいな表現は、気持ち悪いと思う人もいるかもしれません。これを言い換えると「人に説明できるかどうか」を判断基準にすればいいと思います。しかし、これもまた、その後にタネや制約条件が変われば、自分の中の答えが変わるのは当然のことだと柔軟に考えてください。そのときの気分で答えが変わることもあります。これはおかしなことでも何でもありません。考えをつくる作業においては、これらはすべて正解なのだと思ってください。

大切なのは目的であって、形ではない

研修をしていると、「付箋の色は何色がいいですか」と尋ねられたり、ずいぶん窮屈そうに付箋を貼って、思考関連図をつくっている姿を見かけることがあります。そこで「どうしたの?」と訊くと、「紙はA2判と言われたので」と返され、驚くことがあります。

もちろん付箋にどんな色を使ってもらってもいいし、A2判で足りなければ、紙を足せばいいだけです。でも指示通りにやることが正解、決められたことをやるのが正解と言われて教育されてきた人にとっては、そこから外れることは何かいけないことをやっているような気がするらしいのです。

これは思考展開図をつくるときも同じです。研修を受けている人たちにはあらかじめ思考展開図の手本を示しますが、これは手本だけあって、かなりきれいな形になっています。

しかしこの手本を見ると、多くの人が最初の段階から、その状態をつくることを目指してしまうのです。じつは手本として示している思考展開図は、正確には「思考展開完成図」と

でも言うべきもので、試行錯誤を繰り返すことでできあがった一つの最終形です。そこに至るまでには矛盾やムダや考えの抜けの部分が多々ある思考展開図がいくつもつくられているのですが、手本を見た塾生たちの間では、最初からすべて整った正解である完成形を追い求める人が多いのです。

前述しましたが、試行錯誤の途中で矛盾やムダや考えの抜けの部分がたくさん出てくるのは当たり前のことです。そもそもそういうものは、思考展開図の形にすることで、より気づきやすくなります。本来はそこが思考展開法を使うことの大きなメリットの一つなのです。

ちなみに私は、途中段階の不完全な思考展開図をすべて記録しておくことをすすめています。それらは考えの構築途中のプロセスを示しているものなので、不完全な思考展開図をコピーして作成順に保存しておくと、その人の考えのプロセスをすべて追いかけることができるからです。多くの人は思考展開図の最終的な完成形以外はまったく価値のないものだと考えているようですが、そんなことはありません。じつは不完全な思考展開図の中には、たまたま条件に合わずに採用しなかっただけの良質のアイデアが含まれていることがよくあります。すべて記録しておくと、そういうものをすべて残すことができるので、他の考えをつくるときに利用することもできるのです。

最初から完成形を求めている人にはそういう発想がありません。それればかりか、うまくいかないことに大きなショックを受けて、考える意欲までなくしてしまうこともあります。これは正解のある問題を解くことに慣れている多くの人が陥りやすいことです。

形にこだわっていると、いつの間にか、形を整えることが目的化して本来の目的を忘れてしまうことがよくあります。これは思考展開法にかぎらず、世の中の多くのことに共通することのようです。

こういう状態に陥っているときには、上に立つ人が本来の目的を思い出させるような言動を下の人にする必要があります。しかし多くの場合は、残念ながらそういう役割を果たすべき人自身が形にこだわっていたりするので、下の人もまた、そうした形を整えることを目的化してしまうようです。第３章で触れたパワーポイントも、そうした形の目的化を推進しかねない道具の一つです。

そうした形骸化がまかり通っている組織では、組織の仕組みとして、メンバーの創造性を削ぐような組織になっている可能性が高いと言えます。意外に思われるかもしれませんが、自分たちが気づかないうちに多くの組織でこういうことが現実に起こっています。あなたのいる組織は、気がついたら形を整えることが目的になっていないか、一度点検されることをおすすめします。

関連図づくりと展開図づくり

タネを括って上位の概念に上って思考関連図をつくることができたら、次にそれを思考展開図に当てはめていきます。この作業で躓くのは、前項で述べた最初からきれいな形を追求することと、前章で述べた「エイヤ！」の部分です。

タネ出しから思考関連図づくりまでは、論理を使うことでかなりうまくいきます。しかしそこから先の作業は、質がちょっと違うのです。たとえば多くの課題群から課題を選ぶときに必要なのは思い切りです。ここは論理で考えてもうまくいかないので、当てずっぽうでいいから仮説をつくって、思い切った取捨選択決定を行うことが必要になります。

もちろんそれでうまくいかないことはよくあります。そのときはまた別の仮説を考えて「エイヤ！」でやってみるしかありません。そのようなことを繰り返していると、しっくりいくものがいずれ見つかります。

やはり、正解は一つしかないと思い込んでいる人は、こういう思い切りを必要とする荒技が苦手です。とくに何でも効率重視でやってきた学校秀才タイプには、受け入れがたいことのようです。

しかし世の中の多くのことは、実際には唯一の解などありません。効率重視でやっていたらどうにもならないのです。そもそも正しい答えがあるかないかもわからないのが考えをつくる作業です。こういう場合は、当てずっぽうでいいから開き直って「エイヤ！」による取捨選択を繰り返しながら前に進んでいくしかないのです。

PDCAサイクル

思考展開法では、課題を決めてその解決策を入れて思考展開図の形にまとめると、全体の構造が完成します。ここまでが考えをつくるプロセスだと思ってそれ以上の検討をやめてしまう人がいますが、これは間違いです。むしろそこから、本当の創造作業が始まるといってもいいかもしれません。

こんなことを言うと、苦労して完成にまでこぎ着けた人の多くはがっかりするかもしれません。しかし、忘れてはいけないのは、自分がつくった解が、無数にある解のうちの一つにすぎないということです。自分が気づいていないだけで、もっといい答えがあるかもしれません。そこで終わりにしたらそういうものに辿り着けないので、検討をやめてはいけないのです。

もちろんいまの答えが最適ということもあります。それでも無理やムダを見つけて排し、磨きをかけることで、少なくともいまの状態よりよいものになるのは間違いありません。考えをつくる創造作業に終わりはありません。条件の変化によって最適なものが変化するのもよくあることなので、常に、より高みを目指す姿勢を持つことが大事なのです。

ビジネスの世界では、業務を継続的に改善するために「ＰＤＣＡサイクル」という考え方が用いられます。「Ｐｌａｎ（計画）」「Ｄｏ（実行）」「Ｃｈｅｃｋ（評価）」「Ａｃｔ（改善）」の四つを繰り返すことで、事業計画をよりよい形で実行していくというものです。思考展開法を利用して考えをつくるときもこれとまったく同じことをすればいいのです。できあがった考えを実行する方法を考えて、それを評価して、フィードバックをかけながら改善していくことが大切なのです。

こうした検討を続けることで、ある課題に対して存在すると思われる無数の解決策の中から、最適な一つを選び出すことができます。もちろん世の中の多くのことは、前述のように環境や制約条件の変化の影響をたえず受けているので、こうした検討は実際に環境や制約条件が変化したときの準備にもなります。その時点で最適だと考えていた解決策も、すぐに最適ではなくなる可能性もあるのです。こうしたとき、導き出した解決策が通用しなくなっても、環境や制約条件の変化を数のうちに入れて全体を検討していれば、次の解も見つけやすくなるでしょう。

これが対象の本質を理解しながら考えをつくる思考展開法を創造作業に使うことのメリッ

トです。思考展開法は、あるテーマに関する効果的な解決策を確実かつ素早く導くことができるツールなのです。

おわりに　能力は高められる

能力のもったいない使い方

東大には日本で最も優秀な人たちが集まっていると思われています。私は長い間、その東大で学生たちに機械設計を教えてきましたが、残念なことに創造的な考え方でびっくりするような学生に出会ったことはほとんどありませんでした。もちろん東大に入るくらいなので、どの学生も勉強はできました。しかしそれは、与えられた課題を効率よくこなすことができるというだけのことで、ゼロからものをつくるときに必要な地頭のよさとはまったく別のものなのです。

本書で述べてきたように、いままでの受験で必要とされてきたのは、多くのパターンを記憶し、本番でそれと問題をマッチングさせる能力でした。出題される問題には必ず一つの正解があるので、それを効率よく導き出す力を磨くことが得点アップにつながります。塾や予備校が教えているのは、そのためのテクニックです。そして優れたパターン認識の力を身につけた人が受験で高得点を取って、いわゆるいい大学に入る。これがいままでの大学入試におけるいちばんの近道であり、成功方程式でした。

もちろんパターン認識の能力も大切です。ですから、受験勉強を通じてパターン認識の能力を磨くことを否定するつもりはありません。

ただし問題なのは、受験の成功方程式がそのまま社会に出ても通用すると思い込んでしまうということです。これも繰り返しになりますが、与えられた課題の答えは必ずしも一つではないし、場合によっては課題そのものを自分で探さなければならないこともよくあるからです。

社会に出てから求められるのは、本書で紹介している考えをつくる力です。こうした能力は、パターン認識の能力を磨いているだけでは身につきません。正解が決まっていない本当の問題にぶつかって、悩んだり苦しんだりしながら、何度も仮説立証を繰り返して自力で答えを見つける中で培っていくしかありません。考えをつくる力というのは、そういった地道な努力を繰り返すことでしか身につかないものなのです。

もう三〇年ほど前のことになりますが、当時東大の私の研究室にいた八人の学生のうち七人が、同じ製鉄会社に就職したことがありました。その会社は当時、理系の学生の間で人気ナンバーワンの就職先となっていました。おそらく彼らは「東大に入ったことで世の中で通じる特急券を得たのだから、親や親戚が望んでいる就職先に入れるその特急券を使わない手はない」とでも考えていたのでしょう。私の忠告にも耳を貸さずそのまま入社しましたが、その後、そのうちのだれかが会社の中で活躍しているという類の話は、一切聞くことがありませんでした。

私の忠告は、彼らには「鈍行に乗るという道もある」というふうにでも聞こえていたかもしれません。特急券を手にしている人から見ると、「そんな面倒そうなものに乗るやつはどうかしている」と思えたことでしょう。しかし、ある範囲を効率よく上手にすり抜けることしか頭にない彼らのような受験秀才が、そのまま活躍できるほど、世の中は甘くはありません。それはこういう人たちの多くが、五〇歳、六〇歳になる頃には、どこで何をしているのかわからないような状態になっていることからもよくわかります。

こういう人を見ると、もともとの能力を開花させずに人生を終わっているのではないかといつも思います。それがその人の人生といえばそれまでですが、違う道というのもあったような気がしているのです。意識を変え努力をすれば、もっとクリエイティブな人生になっていたように思います。もともとの能力はあったはずなので、これはじつにもったいないことです。

大切なのは自分で考えること

彼らの人生はけっして特別ではありません。能力を伸ばすときにそれをやらず、そのましぼんでいる人というのは、いまの世の中にたくさんいるように思います。

それは裏を返せば、どのような時期にどのようなことをするかを理解して、それを実行するように心がけるだけで、人生は大きく変わるということでもあります。

それではどういうときにどういうことをするべきなのでしょうか。人によって多少異なりますが、おそらく一生のうちに、この時期はこういうことをやるといいというのがあるように感じています。

たとえば、小学校の低学年くらいまでは、生き物として生きていく術《すべ》を学んでいく時期であるように思います。そして、小学校の高学年から高校のはじめくらいまでは、人間がいままで獲得してきた知識や知恵を頭の中に入れていく時期ではないでしょうか。そのあたりから今度は物事を考え始めます。といっても、この頃はまだ考えてもよくわからないので、ああじゃない、こうじゃないと考えること自体が大切だと思います。

そして、高校を卒業したあたりから二〇代の半ばくらいまでは、知識や知恵の獲得と、考えることを並列的に行う時期だといえます。この頃に徹底的に勉強したことは、後に生きてきます。人によっては高校を卒業してすぐに社会に出ますが、そこでやらなければいけないのは、社会の中で求められていることを自分で直接感じ取ることです。これをやるかどうかで、その後の人生は大きく変わってくるように思います。

実際に多くの人が社会に出てまずやっているのは、会社の上司が言うことを正確にこなすことです。それがいかにも正しいことのように教わりますが、私はこれ自体は間違いであると思っています。こういう教育を受けた人は、与えられたことをこなすことが仕事だと考えるようになるからです。これではクリエイティブな仕事はできません。

社会に出たときに本当に必要なのは、世の中が何を求めているかを考えることです。それを自分の問題に置き換えて考えていくのが、この時期にやるべきことです。そして、求められていることを実現するためには、何が必要かを学ばなければいけないし、そのための技術を身につけなければなりません。

私の研究室のあとを継いだN教授と、毎年研究室OBが集まる会を開いています。このときいま自分は何をしているのか、そこで問題になっていることは何かということを話してもらって議論をしています。

先日開かれた会にはS社に行った若手のエンジニアがいました。一五年前のS社だったら、理系人気ナンバーワンの企業だったかもしれませんが、いまではS社からかつてのチャレンジできる環境が失われたと伝えられて久しく、私も若い志のある人が行くような企業ではないと思っていました。

ところがその若手エンジニアの話によると、業務外で電子ペーパーを用いて柄が変わるファッションアイテムをつくるというアイデアを思いつき、仲間を集めて社長に直訴したら、「社内ベンチャーとして取り組んでみろ」と言われたそうです。その後、いくつか試作品をつくっていろいろな人に見せ、腕時計をつくることに決めたということです。

その後、量産経験の不足からたいへんな産みの苦しみを味わい、人の巻き込み方やビジネスプランの立て方をもっと学べと説教されながら、それでも何とか発売にまでこぎつけたそうです。

S社からチャレンジできる環境が消えたなどと聞くことが多い中、こうした話を聞くとうれしくなります。もちろんビジネスとしてもきっちり成功することがいちばんですが、こうした経験を積むことができた彼は、今後大きく成長するのではないでしょうか。

その意味では成長できる環境に身を置くことも非常に大切なのですが、いまはそうした環境にないと思っている人も腐らずに、ぜひ、自分ならどうすると、いろいろ考えながら学び続けていただきたいと思います。

ただ言われたことをこなすことだけをしてきた人と、自分なりにいろいろと悩みながら考えて学んできた人とでは、その後の人生は大きく変わります。言われたことをこなすことだけをしている人は、形が決まっている定型の仕事はできますが、新しく価値をつくっていく仕事はできないので、これからの時代、活躍するチャンスは減っていくでしょう。一方自分なりに考えながら学んできた人は、仕事のチャンスはどんどん広がります。たまたま無能な上司にあたり、評価されないときがあったとしても、見ている人は必ずいます。

大切なのは、どんなことであれ自分自身の頭で考えることです。最初は時間がかかっても、それを習慣にして繰り返しているうちに、必要なときに必要な考えを自分自身でつくれるようになるのです。

本書で紹介している考える力をつける手法は、これを知っておけば、だれでもすぐに考えをつくる達人になれるというようなものではありません。しかしこの手法を知って自分自身で使っているうちに、必ず考えをつくることができるようになります。それは与えられた課題の解決策を考えるときにも有効ですし、自分自身で課題を見つけるときにも使うことができます。実際、多くの人がそのようにして望んでいる結果を得ることができているので、この方法を活用しながら自信を持って道を進んでいってください。

畑村洋太郎

1941年生まれ。東京大学工学部機械工学科卒業、同大学院修士課程修了。東京大学名誉教授。工学博士。畑村創造工学研究所主宰。NPO法人失敗学会理事長。専門は失敗学、創造的設計論、知能化加工学。消費者庁・消費者安全調査委員会委員長、東京電力福島原子力発電所における事故調査・検証委員会委員長、科学技術振興機構・プログラムマネージャー育成・活躍推進プログラム研究講師などを務める。著書に『失敗学のすすめ』『創造学のすすめ』『みる　わかる　伝える』(以上講談社)、『直観でわかる数学』『技術の創造と設計』(以上岩波書店)、『数に強くなる』(岩波新書)、『畑村式「わかる」技術』『回復力』(以上講談社現代新書)など多数。

講談社+α《プラスアルファ》新書 746-1 C

考《かんが》える力《ちから》をつける本《ほん》

畑村洋太郎《はたむらようたろう》

2016年10月20日第1刷発行
2023年 5 月17日第4刷発行

発行者——鈴木章一
発行所——株式会社 講談社
東京都文京区音羽2-12-21 〒112-8001
電話 編集(03)5395-3522
販売(03)5395-4415
業務(03)5395-3615

デザイン——鈴木成一デザイン室
カバー印刷——共同印刷株式会社
印刷——株式会社新藤慶昌堂
製本——株式会社国宝社

KODANSHA

定価はカバーに表示してあります。

落丁本・乱丁本は購入書店名を明記のうえ、小社業務あてにお送りください。

送料は小社負担にてお取り替えします。

なお、この本の内容についてのお問い合わせは第一事業局企画部「+α新書」あてにお願いいたします。


ISBN978-4-06-272966-6

講談社＋α新書

民族と文明で読み解く大アジア史　宇山卓栄
国際情勢を深層から動かしてきた「民族」と「文明」、その歴史からどんな未来が予測可能か？
1320円 851-1 C

世界の賢人12人が見た ウクライナの未来 プーチンの運命　クーリエ・ジャポン 編
ハラリ、ピケティ、ソロスなど賢人12人が、戦争の行方とその後の世界を多角的に分析する
990円 852-1 C

「正しい戦争」は本当にあるのか　藤原帰一
核兵器の使用までちらつかせる独裁者に世界はどう対処するのか。当代随一の知性が読み解く
990円 853-1 C

絶対悲観主義　楠木建
巷に溢れる、成功の呪縛から自由になる。フツーの人のための、厳しいようで緩い仕事の哲学
990円 854-1 C

人間ってなんだ　鴻上尚史
「人とつきあうのが仕事」の演出家が、現場で格闘しながらずっと考えてきた「人間」のあれこれ
968円 855-1 C

人生ってなんだ　鴻上尚史
たくさんの人生を見て、修羅場を知る演出家が考えた。人生は、割り切れないからおもしろい
968円 855-2 C

世間ってなんだ　鴻上尚史
中途半端に壊れ続ける世間の中で、私たちはどう生きるのか？ ヒントが見つかる39の物語
990円 855-3 C

奇跡の小売り王国「北海道企業」はなぜ強いのか　浜中淳
ニトリ、ツルハ、DCMホーマックなど、北海道企業が各業界のトップに躍進した理由を明かす
1320円 856-1 C

その働き方、あと何年できますか？　木暮太一
ゴールを失った時代に、お金、スキル、自己実現を手にするための働き方の新ルールを提案
968円 857-1 C

脂肪を落としたければ、食べる時間を変えなさい　柴田重信
肥満もメタボも寄せつけない！ 時間栄養学が教える3つの実践法が健康も生き方も変える
968円 858-1 B

2002年、「奇跡の名車」フェアレディZはこうして復活した　湯川伸次郎
かつて日産の「V字回復」を牽引した男がフェアレディZの劇的な復活劇をはじめて語る！
990円 859-1 C

表示価格はすべて税込価格（税10%）です。価格は変更することがあります